۶۰۰ داستان ملّا نصرالدّین

۶۰۰ داستان ملا نصرالدّین

بهمّت
محمّد رمضانی

Ibex Publishers,
Bethesda, Maryland

۶۰۰ داستان ملانصرالدین

بهمّت محمّد رمضانی

Popular Persian Texts Series: 1
600 Mulla Nasreddin Tales
collected by Mohammad Ramazani

Copyright © 1997, 2007 Ibex Publishers, Inc.

Cover illustration by Mehdi Taheri

All rights reserved. No part of this book may be reproduced or retransmitted in any manner whatsoever, except in the form of a review, without written permission from the publisher.

ISBN: 0-936347-09-0
ISBN 13: 978-0-936347-09-7

Manufactured in the United States of America

The paper used in this book meets the minimum requirements of the American National Standard for Information Services—Permanence of Paper for Printed Library Materials, ANSI Z39.48-1984

Ibex Publishers, Inc.
Post Office Box 30087
Bethesda, Maryland 20824
telephone: (301) 718-8188
facsimile: (301) 907-8707
www.ibexpublishers.com

Library of Congress Cataloging in Publication Data
600 dāstān-i Mullā Naṣr al-Dīn / bi-himmat-i Muḥammad Ramaẓānī.
  p. cm. — (Silsilah-i tajdīd-i chāp-i mutūn-i mash'hūr-i Fārsī)
Includes bibliographical refrences.
Romanized record.
ISBN 0-936347-09-0 (alk. paper)
1. Naṣreddin Hoca (Legendary character) 2. Persian wit and humor.
I. Ramaẓānī, Muḥammad. II. Nasreddin Hoca (Anecdotes) III. Series.
PN6231.N27A16   1997
398.2'09561'02—dc21   97-2753
             CIP
             NE

مقدّمه ناشر

داستان‌های ملا نصرلدّین که نمونه ای از لطیفه ها و طنز هاست سالهاست که در فرهنگ عامیانه ایرانیان رواج دارد.

دهخدا در لغتنامه اش با خط خود در باب معرفی ملا نصرالدّین می گوید:

«ملا نصرالدّین و یا خواجه نصرالدّین از مشاهیر ظرفا است. وی در لطیفه گویی بی نظیر بود و نوادر و لطایفی که بدو منصوب است مانند امثال سایره در السنه جاری است. به نوشته قاموس الاعلام ترکیبی با حاج بکتاش (متوفی به سال ۷۳۸ هـق.) و با تیمور لنگ (متوفی به سال ۸۰۷ هـق) و با ملوک سلاجقه روم معاصر بود و در نزدیک آق شهر از توابع قونیه از شهرهای روم شرقی موضعی است که با قفل بزرگی مقفل شده و گویند که قبر ملا نصرالدّین است.

ملا نصرالدّین ظاهراً شخصیتی افسانه ایست و از تخلیط نام چند تن از هزل گویان و لطیفه پردازان به وجود آمده است.»

انتشارات پاژن اینک مجموعه ای از این داستانها را که احتمالاً اصالت بیشتری دارد، تجدید چاپ می کند.

با مراجعه به نسخه های معدودی که در دست بود مجموعه ای را که با همّت محمّد رمضانی گردآوری شده و چاپ سوّم آن در سال ۱۳۱۹ شمسی در چاپخانه خاور به طبع رسیده مورد نظر قرار گرفته است.

این نسخه با تمام محاسنی که دارد به مناسبت این که بیش از نیم قرن پیش در ایران چاپ شده از کیفیّت چاپ خوب بهره چندانی ندارد ولی به

هر حال مطالب آن قابل استفاده است. ضمناً ممکن است در نگارش داستانها برخی اغلاط املایی و انشایی دیده شود که برای حفظ اصالت چاپ قبلی عیناً آنها را همان طور که بوده گذاشته‌ایم. متأسفانه طرّاح تصاویری که در این کتاب آمده، ناشناس است.

محمّد رمضانی در مقدمه مجموعه‌ای که گردآوری کرده، می‌نویسد:

«از قرنهای عدیده در ایران و ترکیه و عربستان لطایف و حکایات بسیاری در السنه و افواه شایع است که عامل آن را در ایران ملا نصرالدّین و در ترکیه خواجه نصرالدّین و در عربستان حجا می نامند و این مرد را مانند دو شخص کاملاً متباین جلوه می دهند که گاهی در درجه اوّل حماقت و زمانی دارای عقل سلیم است و چون بیشتر این لطایف و حکایات در هر سه زبان با یکدیگر شبیه است به درستی نمی‌توان معلوم کرد که ابتدا در کدام یک از این السنه نوشته شده و مردی که عملیات عجیب و متباین از او سر زده اهل کدام کشور بوده است. آیا واقعاً یک نفر بوده که قصداً حماقت را پیشه کرده یا دو نفر که یکی دارای عقل کافی و دیگری فاقد آن بوده و همچنین نمی‌توان از گفته ایرانیان و ترکان و تازیان در شرح حالی که برای ملا نوشته‌اند و ازمنه مختلفی که برای زندگانی او تعیین کرده و به محل قبرش اشاره کرده و از پادشاهان معاصرش نام برده‌اند مطلب صحیحی به دست آورد. تنها چیزی که با اطمینان می توان بیان کرد این است که این وجود عجیب و غریب چند صد سال است که ذکرش در مشرق زمین وجود دارد و هزاران لطایف و حکایات به او بسته‌اند و هنوز هم بسیاری از این قبیل وقایع را به وی نسبت می‌دهند. چون در فارسی سوای جزوه کوچکی که از عربی ترجمه

شده از ملا نصرالدّین چیزی چاپ نشده است. این بنده در نتیجه چند ماه تفحّص در کتب مختلفه فارسی قدیم و جدید و نُسخ ترکی و عربی آن قریب ششصد لطیفه و حکایت از ملا گرد آورده و با زبان ساده انشاء و چاپ کرده‌ام.»

داستانهای ملا نصرالدّین

موعظه ملّا

روزی ملا به منبر بر آمد و گفت: مردم می‌دانید چه مـی‌خـواهم بگـویم؟ شنوندگان جواب دادند: نه، نمی‌دانیم.

ملا خشمناک از منبر به زیر آمد و گفت: من به شما کـه اینقـدر نـادان هستید چیزی نمی‌گویم. این بگفت و برفت. فردای آن روز بـاز بـر فـراز منبر نشست و سؤال روز گذشته را تکرار کرد مردم پـس از مـشورت بـا یکدیگر همه پاسخ دادند آری می‌دانیم که چه می خواهی بگویی.

ملا گفت، اکنون که خودتان می‌دانید پس گفتن من لزومـی نـدارد و از منبر پایین آمد و همه را در حیرت گذاشت و رفت! پس از رفتن او مـردم با خود قرار گذاشتند که اگر ملا این سؤال را تکـرار کنـد نیمـی از آنهـا جواب مثبت بدهند و نیمی دیگر خود را نادان جلوه دهند بلکه بدین وسیله ملا را به سخن آرند.

سوّمین روز باز ملا به منبر برآمده همان سؤال را تکرار کرد برخی گفتند ما نمی‌دانیم و بعضی جواب مثبت دادند. ملا با ملایمت تمام گفـت: بـسیار خوب، حالا آنهایی که می‌دانند به آنان که نمی‌دانند یـاد دهنـد و همـه را مأیوس و متحیّر گذاشت و به راه افتاد!

حلوا

روزی ملا از دم دکان حلوا فروشی رد میشد، در خـود میـل زیـادی بـه خوردن حلوا احساس کرد در حالی که پولی در جیب نداشت وارد دکـان شد و شروع به خوردن حلوا کرد. صاحب دکان مطالبه پول کرد، ملا اعتنا نکرد. صاحب دکان چماق برداشت و شروع کرد به زدن ملا. ملا در اثنـاء کتک خوردن به شتاب مشغول خوردن بود و خندان مـی گفـت: «عجـب

شهر خوبیست و چه اهالی مهربانی دارد که غریبـان را بـه ضـرب چمـاق مجبور به خوردن حلوا می‌کنند.»

خروس شدن ملا

روزی چهار نفر جوان ملا را به حمّامی دعوت کردند و هر کدام با خـود تخم مرغی برده در حمام به ملا اظهار داشتند ما مانند مرغ تخم می‌گـذاریم به شرط آن که قرار بگذاری که هر کس از عهده تخم گذاشـتن برنیامـد پول حمام را او بپردازد. پس از این سخن هر کدام روی سکّویی نشسته بـه تقلید مرغ شروع به قُدقُد کردند و تخم مرغها را روی سکّو رها کردند. ملا فوراً به تقلید خروس دستهای خود را به هم زد و صدای خـروس درآورد. جوانان پرسیدند، مقصود شما از این حرکت چه بود؟ ملا پاسخ داد: بـرای چهار مرغ یک خروس هم لازم است؟

فکر بکر

روزی ملا مردم را موعظه می‌کرد در اثنای وعظ گفت: ای مردم خدا را سپاسگزار باشید که به شتر پَر و بال نداده والا اگر بر فراز بام خانه شما می‌پرید سقف بر سر شما خراب می‌شد!

برهان قاطع

یک روز ملا هنگام وعظ گفت شهرشما با شهر ما یک هواست. پرسیدند این مطلب را از کجا فهمیدی؟ گفت: چون آفتاب و ماه و ستارگان که در آنجا می‌دیدیم اینجا هم می بینیم پس هوای هردو یکی است.

آواز ملا

روزی ملا در گرمابه شروع به آوازه خوانی کرد و از صدای خود بسیار خوشش آمد با خود گفت حیف است که مردم از شنیدن این آواز خوش بی‌نصیب باشند و با این خیال از گرمابه بیرون آمده بالای مناره رفت و شروع به گفتن اذان بی‌هنگام کرد. رهگذری از صدای ناهنجار او ناراحت شد و فریاد برآورد: «چه کسی ترا مجبور کرده که با صوت منکر اذان بی‌موقع بگویی؟» ملا که خودش هم این بار صدایش را نپسندیده بود جواب داد: اگر صاحب همّتی در اینجا حمّامی می ساخت آن وقت می فهمیدی که چقدر آواز من دلنشین است.

خام طمعی

ملا شبی در خواب دید که شخصی خواست نه سکه طلا به او بدهد ولی او از گرفتن امتناع ورزید و خواهش کرد که را به ده مبدّل کند در همین

موقع از خواب بیدار شد. چون پولی در دستش نبود دوباره دیدگان را بست و دست دراز کرده گفت: «عیب ندارد همان نه سکه را بده قبول دارم».

باد سخت

ملا به بوستانی رفت هر قدر توانست هندوانه و خربزه چیده در جوال گذاشت ناگاه بوستان بان سر رسید و آن حال را که دید با چوب دستی به ملا حمله ور شده گفت اینجا چه می کنی؟ ملا جواب داد: از طرف بوستان عبور می کردم باد سختی وزید و مرا اینجا افکند. باغبان گفت پس این میوه ها را چه کسی چیده؟ ملا جواب داد در اینجا هم باد اذیّت کرد و مرا به هر طرف می کشانید من هم از ترس جان به بوته هندوانه متوسّل شدم کنده شد. بوستان بان گفت، بر فرض که هر چه گفتی راست باشد ولی میوه ها را چه کسی در جوال کرده؟ ملا گفت عجب! من یک ساعت است این فکر را می کنم و تا به حال نتوانسته ام بفهمم این کار را که کرده.

تجارت ملا

ملا گاهی چندین تخم مرغ را از قرار هرنه عدد به یک درهم می خرید وپس از طی مسافتی، در جای دیگر شهر ده عدد را به یک درهم می فروخت. رفقایش او را ملامت کردند که این چه معامله ایست که همیشه منتهی به ضرر می شود؟ ملا جواب داد در هر صورت معامله اعم از ضرر یا نفع خوبست و همین قدر که مردم مرا بیکار نبینند کافی است.

ماههای کهنه

از ملا پرسیدند زمانی که ماه تازه در آسمان پیدا می شود ماههای کهنه را چه می کنند. در پاسخ گفت: ماههای کهنه را ریز ریز کرده و از آن ستاره می سازند.

ماه ۴۵ روزه

یک سال ماه رمضان ملا برای نگاه داشتن حساب روزها کوزه ای خرید. هر روز که می گذشت ریگی در کوزه می افکند. اتفاقاً دختر ملا به تقلید پدرش یک مشت سنگ ریزه در کوزه انداخت. روزی جماعتی به دیدن ملا آمده بودند. ضمن صحبت از او پرسیدند که چند روز از ماه گذشته. ملا در حال رفت، کوزه را آورد و ریگها را شمرد، نود تا بود. با خود فکر کرد ماه که نود روز نمی شود اگر راستش را بگویم خواهند گفت احمق است، نصف آن را می گویم که قبول کنند. پس برگشت و گفت امروز چهل و پنجم ماه است. مهمانان گفتند جناب ملا ماه تمام بیش از سی روز نیست چگونه امروز که هنوز اواسط ماه است روز چهل و پنجم شده. ملا با تغیّر جواب داد: تقصیر از من است که بی جهت نصف روزها را گفتم اگر حقیقتش را می خواهید امروز نودم ماه است.

یک پول منفعت

ملا شبی در کنار رودخانه ای نشسته بود ده نفر رسیدند و با ملا قرار گذاشتند که ملا آنها را از رود بگذراند و نفری یک پول اجرت بگیرد. ملا قبول کرد و نه نفر را سالماً به آنطرف رسانید ولی نفر آخری را چون خسته شده بود در رودخانه انداخت و جریان آب او را برد. رفقایش فریاد

کردند این چه کاری بود که کردی؟ ملا جواب داد: بد کردم یک پول به شما فایده رسانیدم حالا ۹ پول بدهید بس است و یک پول منفعت شما می شود.

تشبیه مناسب

روزی فضولی تخم مرغی را در کف خود پنهان کرده از ملا پرسید: اگر گفتی چه در دست دارم به خودت می دهم که خاگینه درست کنی و بخوری. ملا گفت قدری توضیح بده تا بگویم. گفت علامت آن این است که اطراف آن سفید و داخل آن زرد رنگ است. ملا پس از تأمل زیاد گفت فهمیدم شلغمی است که درون آن را خالی کرده زردک (هویج) گذاشته اند.

تجارت ماه

ملا از بازار عبور می کرد شخصی از او پرسید امروز سوّم ماه است یا چهارّم؟ ملا گفت: نمی دانم چون مدتیست تجارت ماه نکرده ام.

نردبان فروشی

ملا روزی نردبانی را به دوش گرفته به دیوار باغی گذاشته وارد باغ شد. نردبان را هم به باغ برد و مشغول چیدن میوه گشت. باغبان رسیده گفت: مردکه اینجا چکار می کنی؟ ملا با تشدّد جواب داد: مردکه خودتی مگر نمی بینی نردبان فروش هستم. باغبان گفت مگر اینجا جای نردبان فروشی است؟ ملا جواب داد: احمق تا به حال ندانسته ای که نردبان را همه جا می شود فروخت؟

دیوانگی چشمه

در یکی از روزهای گرم تابستان ملا در بیابانی راه می پیمود، بی نهایت تشنه شد خود را به چشمه ای رساید خواست آب بیاشامد اتفاقاً راه آب را با قطعه چوبی بسته بودند ملا به اشکال چوب را بیرون کشید یک مرتبه آب جستن کرده به سر و صورت و لباس او ریخته سراپا خیسش کرد. ملا غضبناک راه آب را مخاطب ساخته گفت: «به واسطه همین دیوانگی هاست که چوب به هر چه بدترت تپانده اند».

پدر پسر ملا

ملا روزی لباس مشکی پوشیده در بازار می گشت. از او پرسیدند: ملا چه اتفاق افتاده که لباس سیاه پوشیده ای؟ جواب داد: «پدر پسرم فوت شده».

نزدیکی قیامت

ملا را گوسفند فربهی بود. رندان شهر جمع شدند و گفتند باید شیوه ای به کار ببریم که این گوسفند را بخوریم. پس دسته جمعی نزد او رفتند و گفتند تصوّر کن که فردا قیامت خواهد شد و دیگر این گوسفند به چه درد تو خواهد خورد، پس چه بهتر از این که امروز به باغی رفته آنرا کشته ما را مهمان کنی تا روزی را از دولت تو به عشرت بگذرانیم. ملا قبول کرد و با آنان متفقاً به باغ رفتند، گوسفند را کشتند، کباب کردند و خوردند. بعد از ظهر که هوا گرم شد همگی برهنه شدند و به استخر رفتند. ملا که از کشتن گوسفند پشیمان شده بود لباسهای تمام مهمانان را جمع کرده آتش زده همه را سوزانید. چون رندان از آب بیرون آمدند و همه لباسها را

سوخته دیدند از او پرسیدند که چرا چنین کردی؟ گفت تصوّر کنید فردا قیامت است لباس به چه کار شما خواهد آمد.

زبان ندانی

ملا وقتی به کردستان مسافرت کرد در آنجا یکی از اعیان شهر او را به ناهار دعوت کرد، اقسام غذاهای لذیذ تدارک دید و مهمانی بزرگی ترتیب داد. ملا لباس فاخری پوشید و با خادم خود بر سر سفره نشست و بیش از حد معمول غذا خورد به طوری که خودداری نتوانست کرد. در مراجعت نوکرش گفت: شما مرتکب کار زشتی شدید که در حضور اشخاص محترم گوزیدید. ملا جواب داد: احمق آنها کُرد بودند و زبان ما را نمی دانستند بنابراین گوزیدن مرا که به زبان آنها نبود نفهمیدند.

وصیّت ملا

ملا همیشه به دوستان خود وصیّت می کرد که هر وقت مُردم مرا در یکی از قبرهای کهنه دفن کنید. وقتی علت این موضوع را پرسیدند گفت برای این است که اگر نکیر و منکر برای پرسش بیایند تصوّر کنند که من مدتی است مرده ام و سؤال نکرده بر گردند.

لطیفه

ملا روزی برای آوردن هیزم به کوه رفت. چند عدد خربُزه همراه برده بود. در بین راه یکی را پاره کرده دید بد مزه است به خاک انداخت و بر آن شاشید. دوّمی را پاره کرد آنهم بد مزه بود ناچار به دور انداخت، سوّمی را پاره کرد دید بی مزه است آنرا هم به خاک افکند، پایمال کرد و به راه

افتاد. پس از طی مسافتی تـشنگی بـر او غالـب شـد. ناچـار برگـشت وً خربُزه های خاک آلود را برداشت و گفت یقین دارم که بول و کثافت بر آنها نرسیده، و یکی بعد از دیگری را خورد.

آن دنیا چه خبر است

ملا روزی از کنار قبرستانی عبور می کرد پایش به سنگ قبری گرفت و به رو در افتاد. تمام سر و صورتش پر از گرد و خاک شد. در این حال بـه خاطرش رسید که خوبست خود را مرده قلمداد کند بلکـه نکیـر و منکـر بیایند ببیند چه شکل هستند. در این خیال بود که از دور صدای پای قـاطر به گوشش رسید. تصوّر کرد صدای نکیر و منکر است که می آیند پس از ترس رو به فرار گذاشته در میان قبری مخفی شد و قاطرها که نزدیک شده بودند و در خورجینشان مواد شکستنی بود از سر و صدای ملا رم کردند و

بارها پخش زمین شد. قاطرسواران از این پیشآمد خشمکین شدند و از او پرسیدند این چه رفتاری است که پیش گرفته ای؟ ملا جواب داد من مدتیست مرده ام و امشب از عالم دیگر به تماشا آمده ام قاطرچی ها با چوب و چماق به او هجوم آوردند و کتک مفصّلی به او زدند. ملا خسته و خون آلود به خانه برگشت. زنش که او را در این حال دید جلو آمد و پرسید کجا بودی که به این روز افتادی؟ ملا گفت رفته بودم به آن دنیا ببینم چه خبر است. زنش پرسید خوب آنجا چه خبر بود؟ گفت: اگر قاطرها را رم ندهی هیچ خبری نیست.

زاییدن دیگ

ملا دیگی از همسایه خود به عاریه گرفت فردای آن روز دیگچه ای در درون آن گذاشت و پس داد. همسایه پرسید دیگچه از کجا آمده؟ ملا گفت: دیگ شما آبستن بود، دیشب زایید این بچه آنست. همسایه خوشحال شد و آنرا گرفت و رفت.

چند روز بعد ملا باز همان دیگ را عاریه کرد. مدتی گذشت پس نداد. همسایه به سراغ دیگ آمد و از ملا آنرا مطالبه کرد. ملا گفت: سر شما سلامت باشد. دو روز قبل دیگ شما فوت شد.

همسایه گفت: تا به حال شنیده نشده که دیگ بمیرد.

ملا جواب داد: چطور شنیده بودی که دیگ می زاید اما مردنش را نشنیده بودی. پس بدان دیگی که می زاید ممکن است وقتی سر زا برود.

گاو و خر عهد دقیانوس

روزی گوشه ای از زیر زمین خانه ملا از رطوبت خراب شد و با سوراخی باز طویله همسایه از آن نمایان شد که در آن چند رأس الاغ و گاو بود. ملا با خوشحالی تمام دوید و به زنش گفت مژده بده که یک طویله پر از گاو و خر پیدا کردم که از عهد دقیانوس تا امروز باقی مانده.

نقل مکان

ملا شبی در خانه خود خفته بود. دزدی کم روزی وارد شد و مختصر اثاثیه ملا را جمع کرد، به دوش کشید و بیرون رفت. ملا نیز برخاست و رختخواب خود را برداشت و بدنبال دزد راه افتاد تا هر دو وارد خانه دزد شدند. دزد او را دید و با تشدد گفت: در اینجا چه می خواهی؟
ملا گفت: هیچ، تغییر منزل داده ام مزد حمالی شما هم حاضر است.

خروس ناشی

ملا چند مرغ و یک خروس داشت. روزی آنها را در جوال کرد و به قصد فروش به دوش انداخت رو به شهر به راه افتاد. در راه با خود فکر کرد که هوا گرم است و بیچاره مرغان در زحمت هستند بهتر آنست که آنها را رها کنم و با هم برویم. پس تمام مرغها را با خروس رها کرد. بدیهی است که مرغها هر یک به طرفی فرار کردند. از جمله خروس نیز به طرفی از بیابان می رفت. ملا چماق به دست گرفته به عقب خروس افتاده فریاد می زد: «حیوان بیشعور نصف شب در تاریکی نزدیک شدن صبح را می بینی اما روز روشن جاده شهر را تشخیص نمی دهی؟

شباهت

روزی شخصی به دیدن ملا آمد. ملا از او پذیرایی کاملی کرد و تمام روز را با او به سر برد. شب هنگام که مهمان اراده رفتن کرد ملا پرسید: اسم شما چیست؟ جواب داد: مگر نشناختید؟ ملا گفت: نه، پرسید: پس برای چه از من پذیرایی کردید؟ گفت: چون عمّامه وجبه ات نظیر عمّامه وجبه ی خودم بود تصوّر کردم خودم هستم.

قاعده حل مسایل

آخوندی برای حل مسایلی معطل مانده بود شخصی ملا نصرالدّین را معرّفی کرده گفت: مشکل خود را نزد او ببر که حلّال مشکلات است. آخوند به شهر ملا مسافرت کرد و به دیدار او نایل گشت و از او درخواست حل مسایل نمود. در حین گفتگو چشم ملا به خورجین آخوند افتاد پرسید: در این خورجین چیست؟ آخوند گفت: انار است. ملا گفت: پس برای حل هر مسئله باید یک انار بدهی، آخوند قبول کرد و شروع به پرسش نمود. ملا یک انار گرفت و گفت باقی مسائل را هم بگو جواب همه را یک جا می دهم و به این ترتیب برای هر مسئله اناری گرفته خورد تا تمام شد. در آخر آخوند پرسید: آخرین مشکل من این است که این همه انار را شما چطور خوردید؟ ملا جواب داد: «چون دیگر انار نداری این مشکلت لاینحل می ماند اگر انار داشتی این یکی را هم حل می کردم».

آبگوشت مرغابی

ملا روزی به کنار استخری رسید که در کنار آن مرغابی زیادی بود با خود گفت یکی را میگیرم، میپزم و خورش نان خویش می سازم. به این

خیال آهسته پیش رفت امّا همین که به آنها نزدیک شد همه فرار کردند رفتند توی استخر.. ملا مأیوس شد، بسته نان را از کمر گشود و تکه های نان را با آب استخر خیس میکرد و می خورد. عابری پرسید چه می خوری؟ جواب داد: «مگر کوری نمی بینی که نان با آبگوشت مرغابی می خورم».

مرغ حسابی

ملا روزی لک لکی خرید و به خانه برد و مشغول تماشای او شد، دید منقار و پاهایش بلند و زشت است. برخاست، منقار و هر دو پای او را برید. لک لک مرده بر زمین افتاد. ملا او را از زمین برداشت به دیوار تکیه داد و گفت: «حالا شدی مرغ حسابی».

لباس کهنه و نو

ملا روزی به ضیافتی رفت در حالی که لباسهای کهنه و معمولی خود را برتن داشت، دید کسی به او اعتنا نمیکند و جا تعارف نشان نمیکنند. ملا آهسته از آنجا بیرون آمد، به خانه خویش رفت، لباس فاخری پوشید و برگشت. در این وقت صاحب خانه با احترام تمام از او پذیرایی کرد و در صدر مجلس نشاند. چون سفره ناهار را چیدند ملا آستین لباس خود را به غذا نزدیک کرد و گفت: «آستین نو پلو بخور.» حاضرین تعجّب کرده سبب را پرسیدند.

ملا گفت: چون شما اشخاصی را که لباس فاخر بر تن دارند احترام می گذارید، پس غذا هم برای لباس است.

قبر پدر

ملا روزی از قبرستان عبور می کرد. سگی را دید بر قبری می شاشد، با چماق خود ضربتی بر سگ زد. سگ به او حمله کرد و به او هجـوم آورد. ملا ترسید، تعظیمی کرد و گفت: بفرما دوباره بشاش مرا هم بـبخش زیـرا نمی‌دانستم که قبر پدرت است و برایش خیرات می کنی.

دیدن ماه

ملا اوّل ماه از شهری عبور می کرد. مردم را دید کـه بـرای دیـدن مـاه اجتماع کرده اند. با تعجّب گفت: شما عجب مردم بی شعوری هستید که به این ماه کوچک و کم نور این قدر اهمیّت می دهید. در شهر ما وقتی کـه ماه به بزرگی سینی مسی هم می شود کسی به آن اعتنا نمی کند.

عذر کافی

شخصی از ملا طنابی خواست. ملا به خانه رفت و برگشت و گفت: طناب خالی نیست شلتوک روی آن آفتاب کرده اند. آن شخص با تعجّب پرسید: روی طناب که نمی شود شلتوک آفتاب کرد.

ملا جواب داد: چون میل دادن طناب ندارم همین عذر کافی است.

شهر پر نعمت

ملا وقتی، وارد شهری شد. اهالی آنجا را دید که همه لباس نو پوشیده اند وغذاهای لذیذ تدارک دیده اند و برای یکدیگر هدیه می فرستند. ملا خوشحال شد و به رهگذری گفت: چه پر نعمت شهری است شهر شما و چه مردمان خوب و سخاوتمندی دارد افسوس که در شهر ما بعکس اینجا مردم از گرسنگی می میرند. رهگذر جواب داد: در اینجا هم گرسنه فراوان است و اتفاقاً امروز به مناسبت عید اهالی ضیافت داده جشن گرفته اند. ملا گفت: اگر اینطور است پس کاشکی هر روز عید بود.

جواب الاغ

شخصی از ملا الاغ او را به عاریه خواست ملا گفت صبر کن تا رفته از الاغ بپرسم اگر به آمدن مایل شد می آورم. به خانه رفت، برگشت و گفت: الاغ می گوید هرگز مرا به این شخص مده زیرا که مرا می زند و به تو که صاحبم هستی دشنام می دهد و از این معامله هم چیزی عاید نمی شود.

آن طرف درخت

روزی سه بچه در خیابانی می گذشتند چون چشمشان به ملا افتاد به فکر افتادند کاری کنند که کفشهای ملا را بربایند. پس نزدیک درخت قطوری آمدند و گفتند هیچ کس نمی تواند از این درخت بالا برود، ملا گفت این کار مشکلی نیست من بالا خواهم رفت. بچه ها گفتند حرف با عمل خیلی فرق دارد، راست می گویی برو. ملا کفش خود را کند، به دست گرفت و به طرف درخت رفت. بچه ها پرسیدند: چرا کفشت را برمی داری؟ ملا گفت بلکه از درخت به آن طرف هم راه باشد.

عرعر خر

روزی همسایهٔ او آمد و الاغ او را امانت خواست. ملا گفت الاغ اینجا نیست. در این بین صدای عرعر الاغ بلند شد. همسایه گفت: شما که

میگوئید الاغ در خانه نیست پس صدای عرعر چیست؟ ملا غضبناک شده گفت: عجب آدم دیر باور و کم مدرکی هستی، گفتار مرا با این ریش سفید قبول نمیکنی و عرعر الاغ را تصدیق مینمائی.

مرغهای استخر

ملا از راه دوری می آمد الاغش بی اندازه تشنه بود از دور استخری نمایان شد الاغ دویده خود را به استخر رساند. اتفاقاً در اطراف استخر باطلاقی بود که الاغ در آن فرو رفت ملا هر قدر سعی کرد نتوانست بیرونش آورد. در این بین قورباغه های استخر به صدا در آمدند و در نتیجه الاغ رم کرد و به هزار مشقت خود را بیرون کشید. ملا از این پیش آمد خوشحال شد، مشتی پول به استخر ریخت و گفت بیایید ای مرغهای خوش خوان، این پولها را حلوا بخرید و نوش جان کنید.

مصرف نُشادر

روزی ملا با الاغ خود برای آوردن هیزم راهی رفتن به کوهی شد. در راه الاغ خسته شد و ایستاد. رهگذری به ملا گفت قدری نُشادر به مقعد او بگذار تا راه بیفتد. ملا این کار را کرد، الاغ بیچاره شروع به دویدن نمود. در برگشتن از کوه نیز این عمل را تکرار کرد و الاغ به سرعت هر چه تمامتر رفت ملا چون از رسیدن به او مأیوس شد ناچار مقداری نُشادر نیز به خود استعمال نموده پیش از الاغ به منزل رسید. در منزل هم از اثر سوزش دیوانه وار به هر طرف می دوید و بیتابی می کرد. زنش هر قدر خواست او را آرام کند نتوانست.. سبب پرسید، ملا رو به زن کرد و گفت اگر می خواهی به من برسی باید قدری نُشادر استعمال کنی.

غاز یک پا

ملا روزی غازی پخته برای حاکم تازه وارد هدیه می برد، در بین راه گرسنگی بر او غلبه کرد، یک ران غاز را خورد و باقی را به خدمت حاکم آورد.

حاکم چون غاز بریان را با یک پا دید پرسید: «پس یک پای این غاز چه شده»؟ ملا گفت: در شهر ما غازها یک پا بیشتر ندارند اگر باور ندارید به غازهایی که در کنار استخر ایستاده اند نگاه کنید. حاکم نزدیک پنجره شد، دید که غازها روی یک پا ایستاده و به خواب رفته اند. اتفاقاً در همان موقع چند تن از غلامان آنها را با چوب زدند و به لانه بردند. حاکم رو به ملا کرد و گفت: چرا دروغ می گویی نگاه کن این غازها همه دو پا دارند.

ملا گفت: «چوبی که آنها خوردند اگر شما می خوردید عوض دو پا چهار پا می شدید!»

دختر ملا

روزی ملا ماده گاوش را به قصد فروش به بازار برد ولی هر چه کوشش کرد خریداری پیدا نشد. یکی از دوستانش از قضیه آگاه شد و با ملا به راه افتاد و شروع به تعریف ماده گاو کرد و گفت: «این گاو آبستن است و یک بچّه شش ماهه در شکم دارد». یکی از مشتریان این گفتار خام را باور کرد، گاو را به قیمت گزافی خرید. ملا از این پیشآمد بی اندازه شاد شد. چون به خانه آمد زنی چند دید که به خواستگاری دخترش آمده اند و زن خود را دید از دخترانش تمجید زیادی می کند. ملا گفت ای زن تأمّل کن تا من هم بیایم و مدح تازه ای که یاد گرفته ام و در این گونه موارد بی

اندازه مؤثر است و گاو خود را هم بدان وسیله فروخته ام بیان کنم. زنش از این سخن تعجّب کرد و او را به اتاق راه داد. ملا تعریف و تمجید زیادی از دختر کرد و در آخر گفت: از محسّنات او این است که آبستن است و یک بچّه شش ماهه در شکم دارد. زنها پس از شنیدن این حرف در حال برخاستند و رفتند و واضح است که دیگر برنگشتند.

لحاف ملانصرالدّین

شبی از شبهای زمستان ملا خوابیده بود، ناگاه در کوچه صدای غوغایی بلند شد. ملا لحاف را به خود پیچیده به کوچه رفت تا سبب غوغا را بداند. اتفاقاً دزد چالاکی لحاف را از سرش ربوده فرار کرد. ملا که بدون لحاف برگشته بود در جواب زنش که سبب غوغا را می پرسید گفت: «هیچ خبری نبود تمام دعوا سر لحاف ما بود».

هدیه ملا

روزی ملا از زردآلوی نوبری که به او هدیه کرده بودند چند دانه میان بشقابی گذاشت و برای حاکم شهر هدیه برد. در بین راه دید که بر اثر راه رفتن او زردآلوها در میان بشقاب پراکنده شدند. ملا رو به آنها کرد و گفت: «اگر آرام ننشینید شما را خواهم خورد». چون دید به حرف او اعتنایی نکردند یکی یکی آنها را خورد و فقط یکی باقی ماند که آن را برد و جلو حاکم گذاشت و حاکم هم از او تشکر کرد و به او انعام داد. روز دیگر ملا به طمع انعام مقداری خیار خرید، آنها را در یک سینی گذارد و برای حاکم می برد. در راه رفیقی به او رسید، گفت: خیار هدیه خوبی نیست به جای آن اگر گوجه می بردی بهتر بود. ملا در حال خیارها

را گذاشت و به جای آن سبدی از گوجه خرید و به خانه حاکم رفت. اتفاقاً در این روز حاکم خشمگین بود، حکم کرد گوجه ها را به سر ملا بزنند. غلامان و فراشان گوجه ها را به سر و صورت ملا می زدند و ملا هر دفعه که گوجه ای به سرش می خورد شکر خدا را به جا می آورد.

حاکم تعجّب کرد، پرسید: سبب شکر بی موقع چیست؟

ملا جواب داد: ای حاکم بزرگوار من ابتدا می خواستم برای شما خیار بیاورم رفیقی منع کرد و گوجه را صلاح دانست من حالا شکر خدا را به جا می آورم چون اگر به جای گوجه خیارها را به سر من می زدند جای سالم دیگر در سر من نمی ماند. حاکم از این گفتار به خنده افتاده وانعامی به ملا داد خواهش کرد بعدها او را از هدیه معاف بدارد.

جواب دندان شکن

روزی سه نفر کشیش نزد ملا آمده به او گفتند ما چند پرسش از تو می کنیم اگر جواب کافی بدهی که ما را قانع کند مسلمان خواهیم شد. ملا قبول کرد، کشیش اوّلی پرسید وسط زمین کجاست؟

ملا جواب داد: جایی که الاغ من پای راست خود را گذاشته.

کشیش پرسید: دلیلی هم برای اثبات این مطلب دارید؟

ملا حواب داد: اگر باور ندارید ممکن است اندازه بگیرید. کشیش که از عهده این کار بر نمی آمد ناچار متقاعد شد.

پس کشیش دوّم پیش آمد و پرسید: چند ستاره در آسمان است؟

ملا جواب داد: ممکن است موهای الاغ را بشمارید؟

این کشیش هم چون از این کار عاجز بود سکوت کرد.

کشیش سوّمی پرسید ریش من چند مو دارد؟

ملا گفت: عدد موهای ریش شما مساوی با عدد موهای دم الاغ منست.

کشیش گفت: دم الاغ را به ریش من چه ارتباطیست چنین چیزی نمی شود.

ملا جواب داد: کاری ندارد ممکن است یک مو از ریش شما و یکی از دم الاغ می کنیم در آخر اگر موها مساوی نشدند من محکوم هستم و هر چه بگویید اطاعت خواهم کرد. کشیش سوّم هم از این جواب مجاب شد و هر سه از حاضر جوابی ملا مغلوب شدند.

سواری وارونه

ملا روزی با مریدان به مسجد می رفت او جلو سوار الاغ و مریدها پیاده عقب می رفتند. پس از رفتن چند قدم ملا از الاغ پایین آمده وارونه سوار

الاغ شد. پرسیدند: چرا چنین کردی؟ گفت: من جلو بودم پشتم به شما بود و اگر شما را هم به جلو می فرستادم پشت شما به من بود. این طور نشستم که با همدیگر روبرو باشیم.

این به جای آن

در اثنای سفری، ملا در شهری مهمان حاکم بود در سر سفره حاکم را چندین مرتبه عطسه گرفت، هر دفعه که عطسه میکر رویش به طرف ملا بود. ملا پرسید: این حرکت شما پسندیده است؟ حاکم جواب داد: بلی در شهر ما آن را عیب نمی دانند. ملا در حال بادی رها کرد، حاکم خشمگین شده گفت: چه بی تربیت مردی هستی که در سر سفره چنین حرکت زشتی از تو سر می زند. ملا جواب داد: «در شهر ما این حرکت بی قاعده نیست و عیب شمرده نمی شود.»

هزار اشرفی

ملا هر روز بامداد بعد از نماز از خدا تقاضای هزار سکه طلا میکرد و در ضمن می گفت اگر نهصد و نود و نه اشرفی بدهی قبول نخواهم کرد. یهودی متموّلی همسایه او بود چون چند روز این تمنا را از ملا شنید برای امتحان نهصد و نود و نه اشرفی در کیسه ای گذاشته از سوراخ سقف خانه ملا جلو او انداخت. ملا در حال کیسه را برداشته پس از حمد و ثنای الهی اشرفیها را شمرد و گفت:

خدایی که نهصد و نود و نه اشرفی رسانیده یکی آخری را هم به موقع خودش می رساند. یهودی که از دور حرکات او را مراقب بود سراسیمه شد، فوری برای گرفتن پولها به خانه ملا آمد و کیسه را از او خواست. ملا

خود را به بی اطلاعی زد و گفت: من که با شما هیچ گاه شوخی نداشته ام به نظرم عقلت زایل شده.

یهودی گفت: من برای امتحان پولها را از سوراخ خانه انداختم و چون از هزار اشرفییکی کم بود خیال کردم شما قبول نمی کنید. ملا سراپای یهودی را نگریست و گفت: وقت مرا بیهوده تلف نکن هزار کار واجب دارم و وقت شوخی ندارم. این پول را از خدا خواسته ام او هم داده به هیچ وجه به تو مربوط نیست. یهودی که دید نمی تواند پولها را به ریشخند از ملا پس بگیرد گفت بیا برویم پیش قاضی تا این امر را فیصله دهد. ملا قبول کرد اما گفت پیاده نمی توانم بیایم، به علاوه جبّه ام نیز کهنه است و با این جبّه پیش قاضی نمی توانم بروم. یهودی ناچار شد به منزل رفت و جبّه ای قیمتی با قاطری آورد، به ملا داد و گفت: جبّه را بپوش و بر قاطر سوار شو و وقت برگشتن هر دو را پس بده. به این ترتیب به خانه قاضی رفتند. یهودی ادّعای خود را بیان کرد، همین که گفتار او تمام شد ملا رو به قاضی کرد و گفت: اساساً این یهودی آدم شریر و طمّاعی است برای این که پولهای مرا تصاحب کند این قضیه را از خود جعل کرده ولی سوراخ دعا را گم کرده است. چون مسلم است که اگر مسلمانی از گرسنگی بمیرد این یهودی بد طینت دِرهمی به او نمی دهد. اکنون هم خجالت نمی کشد. بعید نیست بگوید این قاطر هم از اوست.

یهودی پس از شنیدن این کلام برآشفته گفت: البته قاطر مال من است چون پیاده به اینجا نمی آمدی آنرا موقتاً به تو دادم.

قاضی از شنیدن این حرف به شُبهه افتاد ملا هم موقع را غنیمت شمرد و گفت حضرت قاضی ملاحظه بفرمایید همین طور که عرض کردم این یهودی آدمی طمّاع و کذاب است اگر اندکی به او ملاطفت کنید خواهد

گفت این جبّه که به دوش دارم هم مال اوست. یهودی که دید جبّه قیمتیش را هم تصاحب کرده فریاد برآورد پس جبّه مال من نیست؟

قاضی که به پرت گفتن و ادّعای بی جهت یهودی یقین کرد با کمال خشم و غضب گفت: احمق خجالت نمی کشی که به شخص محترمی افترا بسته و مرا هم مسخره کرده ای، زود از اینجا خارج شو والا به افتضاح بیرونت خواهم کرد و از ملا معذرت بخواه. سپس آنها را روانه کرد.

ملانصرالدّین به وقار تمام سوار قاطر شد و با جبّه قیمتی به خانه برگشت. پس از چند روز که یهودی غصه دار بود کاملاً ادب شده بود او را خواست و پولها و قاطر و جبّه اش را به او پس داد و به او سپرد که بعد از این در صدد امتحان و تمسخر کسی بر نیاید.

دم خر

وقتی الاغ خود را برای فروش به بازار برد. در بین راه الاغ به منجلابی افتاده دُمش کثیف شد. ملا با خود فکر کرد الاغ را با این دم کثیف شاید نخرند، لذا دم او را بریده به خورجین گذاشت. شخصی مشتری الاغ شد ولی همین که او را بی دم دید گفت الاغ بی دم فایده ندارد. ملا به عجله گفت: شما معامله را قطع کنید از بابت دم خاطرتان جمع باشد که در خورجین است.

دیگ را نخورد

ملا چندین مرتبه دل و جگر خریده به زنش می داد که بپزد هر دفعه زنش آنرا تنها می خورد. ملا روزی به تنگ آمده پرسید: این همه جگر و دل که خریدم چه شده؟ زن جواب داد: همه آنها را گربه خورده. ملا در

حال دیگ را برداشته در گنجه گذاشته درش را قفل کرد. زنش پرسید: برای چه دیگ را به گنجه می گذاری و درش را چرا قفل می کنی؟ جواب داد: گربه ای که جگر دو پولی را می خورد، دیگ صد پولی را هم خواهد برد.

گریه کنید

مدتی بود که شهرت داشت ملا بیمار است. روزی زنهای همسایه به عیادتش رفتند. ملا در حیاط مشغول گردش بود، فوراً دوید و در رختخواب خوابید. همسایه ها که او را سالم دیده بودند به اطاق رفته در اثنای صحبت پرسیدند: اگر شما فوت شدید تکلیف ما چیست؟

ملا گفت: «هیچ فقط در عزای من گریه کنید چیز دیگری از شما توقع ندارم».

مردن ملا

روزی ملا از زنش پرسید وقتی که شخص بمیرد چگونه معلوم می‌شود که مرده است. زن جواب داد علامت آن این است که دست و پایش سرد می‌شود. پس از چند روز ملا برای آوردن هیزم به جنگل رفت و چون هوا بسیار سرد بود دست و پایش یخ کرد. پس سخن زن را به خاطر آورد. با خود اندیشید که مرده است. در حال خود را بر زمین انداخت و چون مردگان دراز کشید. اتفاقاً یک دسته گرگ رسیده الاغ او را دریده شروع به خوردن کردند. ملا آهسته سر بلند کرد و گفت: اگر نمرده بودم به شما می‌فهماندم که الاغ مردم خوردن چه نتایجی دارد.

جبّه سوراخ شده

شبی در صحن خانه هیکلی دیده گمان دزد بُرد. زنش را آواز داد که تیر و کمان مرا بیاور چون دزد حرکت نکرد و زن تیر و کمان را آورد تیری در کمان نهاده رها کرد. اتفاقاً به نشانه خورد. ملا گفت: دزد که کشته شد تا صبح به او کاری نداریم. برویم بخوابیم و رفته خوابیدند. صبح که ملا به حیاط رفت مشاهده کرد که دزدِ شب جبّه خودش بوده که شسته و به درخت آویخته بودند، سوراخش کرده بود. در حال سجده شکر به جا آورد، زنش از مشاهده این واقعه تعجّب کرده پرسید: چه جای شکر بی موقع است؟ ملا گفت: «ای زن مگر ندیدی که چطور تیر به نشانه خورده و آنرا سوراخ کرد. اگر خودم هم میان جبّه بودم الان باید تابوت خبر کرده باشی!»

گردش اموات

روزی در بیرون شهر به گردش رفته بود. چون نزدیک قبرستان رسید از دور صدای پای سواران چندی شنید که به طرف او می آیند، ترسیده لباس را کنده داخل قبری گشت. سواران چون نزدیک شده او را به آن حالت دیدند پرسیدند چرا به این صورت در آمده ای؟ جواب داد: من از اموات هستم که برای گردش از قبر خارج شده ام.

از من بپرس

روزی زن ملا با چند زن دیگر در کنار استخری نشسته بودند و رخت می شستند. یکی از بزرگان از آنجا گذشت زنها را با دقتی تمام برانداز کرد. زن ملا شروع به داد و فریاد کرد و او را دشنام داد که ای بی تربیت چرا با چشم بد به ما نظر می کنی. آن شخص پرسید: این زن کیست؟ گفتند زن ملا است. فردای آنروز ملا را خواست و جریان روز پیش را تعریف کرد و پرسید: این زن عیال تو است؟ ملا گفت: بلی مقصود چیست، آن شخص گفت او را نزد من بفرست تا از او چیزی بپرسم. ملا گفت: قاعده بر این ست که هر چه می خواهی از من بپرسی، من هم از او خواهم پرسید و پاسخت را خواهم گفت.

تعریف به موقع

روزی حاکم شهر غلامی را با اسب تنبلی عقب ملا فرستاد که به دارالحکومه حاضر شود. ملا سوار اسب، به سختی راه می پیمود، اتفاقاً در بین راه رگبار شدیدی باریدن گرفت. ملا فوراً لباسهایش را کند و در خورجین گذاشت. آنگاه پس از ساعتی که به مقصد رسید لباسها را پوشید.

به نزد حاکم حاضر شد. حاکم تعجّب کنان از او پرسید: این باران شدید شما را خیس نکرد؟ ملا گفت: کسی که سوار اسب راهواری باشد که مثل مرغ می پرد برای چه خیس شود. فردای آن روز تهیّه شکار می دیدند. حاکم برای سواری خود اسب روز قبل ملا را انتخاب کرد، اتفاقاً آن روز هم باران شدیدی بارید همراهان با کمال راحتی خود را به مقصد رساندند ولی حاکم با آن اسب تنبل به کلّی خیس شده با هزار اشکال خود را به خانه رسانید و فوراً ملا را طلبیده با تشدد به او گفت: از چون تویی توقع نداشتم دروغ به این آشکاری گفته مرا امروز به این قِسم مبتلا سازی. ملا گفت: اما تنبلی اسب به تربیت کننده اش مربوط است و اما اگر می خواستید خیس نشوید ممکن بود لباستان را کنده در خورجین می گذاشتید.

ملا در زیرزمین

روزی دختر ملا به زیرزمین رفت که خوراکی بردارد. پدرش را دید که در پشت خُم ها خوابیده گفت: بابا اینجا چه می کنی؟ ملا جواب داد: از دست مادرت به اینجا پناه آورده ام شاید مرا مرده پنداشته کمتر اذیتم کند.

کلاغ و صابون

روزی زن ملا رخت می شست کلاغی صابون را برداشته به سر درخت برد. زن، ملا را طلبیده گفت بیا کلاغ صابون را بُرد. ملا با بی اعتنایی گفت: اهمیّت ندارد تو می بینی روی کلاغ از ما سیاهتر است پس احتیاج او به صابون بیشتر است.

پس دادن وضو

روزی ملا در کنار جویی وضو می گرفت اتفاقاً یک لنگه کفشش به جوی افتاده آب آنرا برد. ملا که خود را قادر به گرفتن آن ندید برخاست، بادی از خود خارج کرده گفت: «بیا وضویت را پس بگیر کفشم را بده»

اجرت سر کچل

ملا نزد دلاکی رفته سر تراشید و اجرت معمولی را پرداخت. بار دیگر پس از تراشیدن سر بدون دادن پول بیرون آمد. دلاک پرسید چرا اجرت ندادی؟ گفت تو می بینی که نصف سر من تراشیده خدایی است و دو دفعه که سر مرا بتراشی با تراشیدن یک مرتبه سر دیگران مساوی است پس من هم پول دو مرتبه را اوّل داده ام.

بتوچه

شخصی به ملا مژده برد که خدا به او پسری عنایت فرموده. ملا با بی اعتنایی گفت: خدا به من پسر داده به تو چه مربوط است؟

برج گوسفند

شخصی از ملا پرسید: طالع تو در کدام برج است؟ ملا گفت: در برج گوسفند. گوینده تعجّب کرده پرسید: برج گوسفند نشنیده ام، ملا گفت: ده سال پیش طالع من بره بوده پس از گذشت ده سال بره گوسفند نشده؟

حریق

ملا روزی هنگام ظهر که زیاد گرسنه بود ظرف آش داغی را سر کشید. از گلو تا شکمش سوخت، از از ناراحتی شروع به دویدن کرده بود، پرسیدند چرا این طور می دوی؟ جواب داد: زود آب بیاورید و روی من بریزید که در شکمم حریق اتفاق افتاده است.

عرق سیاه پوست

ملا غلام سیاهی داشت به نام حماد. روز عید که ملا لباس نو پوشیده بود خواست نامه ای به یکی از دوستانش بنویسد، چند قطره مرکب به لباسش چکید. چون به خانه که رفت زنش شروع به داد و فریاد کرد که تو لیاقت لباس نو پوشیدن نداری. ملا گفت: ای زن خوب بود قبلاً سبب را می فهمیدی بعد با من نزاع می نمودی. زن پرسید: سبب سیاه کردن لباست چیست؟ گفت: امروز به ملاحظه عید، حماد خواست دست مرا ببوسد صورتش عرق کرده بود قطرات عرق او به لباسم چکید و سیاه شد.

رسیدن به مقصود

ملا گاو قوی هیکلی داشت که دارای دو شاخ بزرگ بود و روزها او را برای شخم می برد. مدتی بود آرزو داشت که روزی فرصتی بیابد که بین دو شاخ او سوار شود. اتفاقاً روزی از صحرا بر می گشت نزدیک خانه اش گاو خوابید. او هم به خود دل به دریا زد و سوار گاو شد و میان دو شاخ بلندش قرار گرفت. گاو که از حرکت او به خشم آمد از جایش بلند شد، چرخی زد و با کمال شدت او را به زمین زد. زن ملا که صدای افتادن او را شنید با عجله از خانه بیرون آمد، ملا را دید که بیهوش افتاده سرش شکسته گمان کرد که مرده است شروع به گریه و زاری کرد. در این بین ملا به حال آمد، از جا برخاست و بدون اعتنا به زخم سر و صورت، زنش را دلداری میداد و میگفت: غصه نخور اگرچه خیلی صدمه دیدم اما به مقصود رسیدم!!

پای بی وضو

ملا وضو می گرفت، قبل از مسح پای چپ آب تمام شد. در موقع نماز روی یک پا ایستاد پرسیدند: چرا چنین کردی گفت: پای چپم وضو نداشت.

قهر مرده

ملا شبی با میراب محل مرافعه کرد. پس از چندی میراب مرد. ملا را خواستند که برای تلقین به جنازه اش حاضر شود. از آمدن ابا کرد سبب پرسیدند گفت: این شخص با من قهر بود حرف مرا گوش نمی دهد.

طرف دست راست

مهمانی خانه ملا آمده بود شب احتیاج پیدا کرد که از اتاق بیرون رود. چون ملا را بیدار دید گفت: چراغ طرف دست راست شما است به من بدهید تا روشن کنم ملا گفت: مگر دیوانه ای در تاریکی من از کجا می دانم طرف دست راست کجاست.

غیبگو

ملا روی شاخه درختی ایستاد بود و مشغول بریدن آن شاخه بود. شخصی فریاد زد: احمق چه می کنی الان شاخه می شکند و به زمین می افتی. اتفاقاً همین موقع شاخه شکست، ملا با شدت به زمین خورد ولی بدون اعتنا به کوفتگی بدن برخاسته یقه آن شخص را گرفته گفت: «معلوم می شود تو از غیب خبر داری پس بگو من کی خواهم مرد». آن مرد خواست گریبان خود را از دست او نجات دهد دروغی بافته گفت: هر وقت خرت بگوزد

مقدمه مرگ تو است و چون دو مرتبه پی هم بگوزد تو خواهی مرد. اتفاقاً چند روز بعد از این واقعه ملا برای آوردن هیزم با الاغ خود به کوه می رفت در بین راه الاغش گوزید ملا با خود خیال کرد که مرگ من نزدیک شده است و پس از رفتن چند قدم الاغ بار دیگر پی هم دو بار گوزید. ملا از الاغ پایین آمده فکر کرد که لابد الان می میرم پس روی زمین دراز کشید. دهاتی ها که این حالت را مشاهده کردند به سراغ او آمدند، دیدند تکان نمی خورد تصوّر کردند مرده است در حال از ده خود تابوتی آوردند، او را در تابوت گذاشتند و برای دفن به قبرستان بردند. در اثنای راه به رودخانه ای رسیدند. برای عبور از آن با یکدیگر بحث می کردند و هر یکی راهی را بهتر می دانست. ملا از میان تابوت برخاست و نشست و راهی را نشان داد و گفت: من وقتی که زنده بودم از این راه می رفتم.

افسوس از جوانی

ملا روزی خواست سوار اسبی شود نتوانست گفت افسوس از جوانی، بعد اطراف خود را نگریست و چون دید کسی نیست با خود گفت: ولی خودمانیم در جوانی هم چیزی نبودم.

به قاضی می‌رسد

دو همسایه با هم نزاع کردند و پیش قاضی آمدند. هر یک ادعا می کردند که لاشه سگ مرده که در کوچه افتاده به خانه آندیگری نزدیکتر است و او باید آنرا از کوچه بردارد. اتفاقاً ملا هم در محضر قاضی بود قاضی از او پرسید: در این باب عقیده شما چیست؟ ملا گفت: کوچه

ملاء عام است و به هیچ کدام ربط ندارد این وظیفه قاضی است که باید لاشه سگ را از میان کوچه بردارد.

آب آب آبگوشت

روزی دهقانی برای ملا خرگوشی هدیه آورد. ملا پذیرایی مفصّلی از او کرد و با کمال رضایت او را راه انداخت. هفته دیگر هم دهقان آمد و خود را معرفی کرد. باز از ملا مهربانی دید و مهمان او گردید. هفته بعد چند نفر به خانه ملا آمدند و خود را همسایگان دهقان هدیه آورنده معرفی کردند. ملا آبگوشتی تهیه کرد، آنها را به خوردن آن به اسم آبگوشت خرگوش ضیافت کرد. باز هفته گذشت و چند نفر به خانه ملا آمدند و خود را همسایه همسایگان دهقان معرفی کردند ملا با کمال ادب آنها را به خانه آورد و در موقع ناهار یک کاسه بزرگ آب جلو آنها گذاشت. دهاتی ها با حیرت به کاسه آب نگریستند. ملا گفت: بفرمایید نوش جان کنید این آب آب آبگوشت خرگوش است.

علاج مؤثر

زن ملا حامله بود و موقع وضع حملش فرا رسیده بود، ولی دچار صعوبتی شده نزدیکانش را پریشان کرده بود. بعضی از آنها نزد ملا آمدند و چاره جویی کردند. ملا را فکری به خاطر رسید، گفت: الان کار را درست می کنم. پس از خانه خارج شد، چند گردو خرید، به زنها داد و گفت: اینها را زیر زن بگذارید بچه که آنها را ببیند برای بازی با گردو بیرون خواهد آمد.

سبب گریه

روزی ملا با زنش سر سفره نشسته بودند. زن ملا قاشقی از آش داغ که جلویش بود به دهان برد و از بس گرم بود اشک در چشمش پر شد. ملا سبب گریه اش را پرسید زن جواب داد: یادم آمد که مرحومه مادرم این آش را خیلی دوست می داشت گریه بر من مسلط شد بعد ملا شروع به خوردن کرد، اتفاقاً از داغی چشم او هم اشک آلود شد. این دفعه زن پرسید شما چرا گریه کردید ملا گفت: منهم به یاد مرحومه مادرت افتادم که مثل تو دختر بدجنسی را بلای جان من کرد.

شوق ملاقات

ملا روزی تازه از خواب برخواسته بود و هنوز لباس نپوشیده بود که شنید در کوچه چند نفر سوارِ عرابه ای شده به شهری که در آنجا آشنایانی داشت می روند. همان طور برهنه سوار شد و با آنها به راه افتاد. نزدیک آن شهر که رسیدند جمعی شنیدند که ملا وارد می شود به استقبالش آمدند. چون او را با لباس زیر دیدند علت پرسیدند گفت: از بس شوق ملاقات شما را داشتم یادم رفت لباس بپوشم.

خانه دو در

ملا روزی پس از اتمام درس با اصرار چند نفر از شاگردانش را به منزل دعوت کرد و آنها را تا دم در خانه آورد و گفت: منتظر باشید تا بروم اتاق را برای پذیرایی شما حاضر کنم. پس وارد خانه شده از زنش پرسید: در خانه چیزی داریم که مهمانان را پذیرایی کنم؟ زن گفت نه، ملا گفت پس برو عذر مهمانان را به نحوی بخواه. زن در خانه را باز کرد و به

مهمانها گفت ملا منزل نیست. مهمانها گفتند این چه حرفی است که می زنی ملا الان در حضور ما وارد خانه شد. ملا از پنجره فریاد زد: مگر نمی دانید که این خانه دو در دارد لابد از در دیگر بیرون رفته است.

چوگان بازی

روزی حاکم شهر ملا را به میدان برای چوگان بازی دعوت کرد. ملا سوار گاو پیری شد و به میدان رفت حاکم را از دیدن او خنده درگرفت، گفت: در میدان چوگان همه به اسب چابک سوار می شوند شما چرا گاو پیر سوار شده اید ملا گفت: ده سال قبل که من به این گاو سوار می شدم به قدری چالاک بود که از مرغ هم جلو می افتاد.

پالان به جای جبّه

ملا روزی با الاغ خود از صحرا می گذشت خواست تجدید وضو کند جبّه اش را بیرون آورد روی الاغ انداخت و برای وضو گرفتن به طرف جوی آب رفت. دزدی از آنجا می گذشت جبّه را ربود. چون ملا برگشت، جبّه را ندید پالان الاغ را برداشت، به دوش گرفت و به الاغ گفت: هر وقت جبّه مرا دادی پالانت را پس می دهم.

ملا و گدا

روزی درِ منزل ملا را می زدند ملا از بالا خانه پرسید: کیست؟ کوبنده گفت: در را باز کنید. ملا رفت در را باز کرد، دید گدایی است که از او لقمه نانی می خواهد. گفت بالا بیا و چون او را به بالاخانه برد گفت: خدا بدهد ببخشید فقیر گفت مرد حسابی تو که چیزی نمی دادی چرا همان

پایین نگفتی گفت: «مرد حسابی تو که چیزی می خواستی چرا مرا به سوی در کشیدی»؟

شتر چطور آمده

ملا مقداری پول داشت خواست آنها را در گوشه ای پنهان کند ابتدا محلی را در خانه کند و پول را در آنجا گذاشت و رویش را پوشاند. بعد از ساعتی با خود فکر کرد آنجا زود کشف می شود از آنجا بیرون آورد و جای دیگر به خاک کرد و پس از چند مرتبه که آن را از اینجا به آنجا گذاشت بالأخره خیالش راحت نشد. از آخرین محل هم بیرون آورد و آن را در توبره ریخت، سوار خر شد، به تپّه ای که نزدیک منزلش بود بُرد و چوبی به سر تپّه نصب کرد و توبره را به سر چوب بست و از دور نگاه کرده گفت: بنی آدم که مرغ نیست که اینجا آمده پول را بردارد. پس با خاطری آسوده به خانه رفت. اتفاقاً شخصی از دور او را دیده بود رفته پولها را برداشت و به جای آن پشکل شتر ریخته دوباره توبره را به جایش آویخت. پس از چند روز که ملا به پول محتاج شد به سراغ پولها به سر تپّه رفت و چون توبره را از چوب پایین آورد به عوض پول پشکل شتر یافت. تعجّب کرده گفت: «چیز عجیبی است جایی که آدم نمی تواند بیاید شتر چطور آمده»؟

جای پلو خالی

روزی ملا شاگردانش را به منزل برد و اصرار کرد که ناهار را نزد او بمانند. بعد زنش را صدا کرد و دستور داد که زود برای مهمانها پلو بپزد. زن گفت: مگر برنج و روغن در خانه داری که دستور پلو پختن می دهی؟

ملا بی اندازه غضب آلود شد و گفت: پس لااقل بشقاب خالی بیاور. زنش بشقابها را آورد. او هم بشقابهای خالی را جلو مهمانان آورد و گفت: آقایان اگر برنج و روغن خریده بودم میان این بشقابها به شما پلوِ چربی می دادم.

نجات ماه

ملا شب مهتابی در چاه نگاه می کرد عکس ماه را در چاه دید، فکر کرد که ثواب دارد اگر ماه را از چاه نجات دهد پس قلابی در چاه انداخته چند دور گردانید از قضا قلاب به سنگ بزرگی در ته چاه گیر کرد. ملا هر چه زور زد که آنرا بالا بکشد از جای خود تکان نخورد. بالاخره از بس کوشش کرد ریسمان پاره شد و ملا به پشت افتاد و چون نگاه کرد ماه را در آسمان دید گفت: عیب ندارد اگرچه خیلی رنج کشیدم ولی ماه را نجات دادم.

تقدیر مطابق آرزو

روزی به ملا خبر دادند که سرت سلامت باشد عیالت فوت شد گفت: زن با عقلی بود دست پیش را گرفت چون من خیال داشتم او را طلاق بدهم راضی به زحمت من نشد.

روزی ملا روی الاغش نشسته با سرعت از کوچه ای می گذشت. اتفاقاً پای الاغ لغزید ملا را بر زمین زد. بچه ها که در کوچه جمع بودند خنده سر دادند و فریاد می زدند: ملا زمین خورد، ملا زمین خورد. ملا با کمال وقار در خانه ای را کوبید و گفت: با صاحب این خانه کار داشتم.

بلبل بد آواز

ملا روزی وارد باغی شده از درخت زردآلو بالا رفت باغبان او را دید نزدیک آمد و گفت:

چرا از درخت مردم بالا رفتی؟ ملا گفت: مگر نمی دانی من بلبلم و برای بلبلان رفتن بالای درخت عیب نیست. باغبان خندید و گفت: پس بخوان تا آوازت را بشنوم. ملا با صدای کریه خود شروع به خواندن کرد. باغبان گفت بلبل هم به همین بدی می خواند؟ ملا جواب داد: تا کنون نمیدانستی که بلبل اقسام مختلف دارد.

دزد کم روزی

روزی دزدی به خانه ملا آمد ملا تا او را دید داخل گنجه شد و در را بست. دزد چون همه خانه را گشت و چیز قابلی پیدا نکرد با خود گفت:

یقیناً اشیاء قیمتی را در گنجه گذاشته اند پس با زحمتی در را از جا کند ولی به جای اشیاء قیمتی چشمش به ملا افتاد که سرپا ایستاده. ترس بر او مستولی شد با لکنت زبان گفت: شما اینجا بودید؟ ملا جواب داد: چون چیز قابلی در منزل نبود از خجالت شما اینجا پنهان شدم.

کتان کاری

روزی ملا نزد دلاک ناشی رفت که سر بتراشد او در اثنای تراشیدن مرتباً سر را زخم میکرد و پنبه روی آن می گذاشت. بالأخره ملا به تنگ آمد و گفت: بس است نصف سرم را تو پنبه کاشتی باقی را خودم می خواهم کتان بکارم.

نعوذ بالله

یکی از امرا روزی از ملا پرسید: از زمان خلیفه عباسی و بعد رسم بوده که خلفا و سلاطین و امرا لقبی داشتند که بالله ختم می شد، مانند موفق بالله و متوکل علی الله و معتصم بالله و غیره به نظر شما برای من چه لقبی مناسب است؟ ملا جواب داد: بهترین لقبها برای شما نعوذ بالله است.

در روشنایی

انگشتر ملا در اتاق گم شد. ملا قدری تجسس کرد و آنرا نیافت. از اتاق خارج شد در حیاط می گردید زنش پرسید: انگشتر را در اتاق گم کردی حیاط را چرا می گردی؟ ملا گفت: اتاق تاریک بود، حیاط روشن. چشمم اینجا بهتر میبیند.

معماری ملا

ملا بنایی به خانه آورد وبرای ساختن بَنا به او دستور می داد که محلی را اتاق، محلی مطبخ و آب انبار و حوض و غیره بسازد. اتفاقاً در اثناء دستور بادی از او خارج شد در محلی که ایستاده بود گفت: اینجا را هم برای مستراح انتخاب کردم.

اولاد مرد صد ساله

از ملا پرسیدند: ممکن است از مرد صد ساله زنش حامله شود و پسری بزاید؟ ملا جواب داد: اگر همسایه جوان بیست، سی ساله داشته باشد بلی.

چه زایل شده؟

شخصی به ملا گفت: شنیده ام عقل زنت زایل شده ملا مدتی فکر کرد و جواب او را نداد. آن شخص پرسید: به چه فکر می کنی؟ جواب داد: زن من هرگز عقل نداشت که زایل شود فکر می کنم چه چیز او ممکن است زایل شود.

عدم معاشرت

ملا برای طلاق دادن زنش به خانه قاضی رفت قاضی پرسید: اسم زنت چیست گفت: نمی دانم. پرسید چند سال است که با او زن و شوهر هستید؟ گفت: متجاوز از بیست سال. قاضی با تعجّب پرسید: پس چطور اسم او را نمی دانی؟ گفت: برای این که با او معاشر نبودم که اسمش را بدانم.

به جهت نداشتن وقت

روزی شخصی در کوچه سیلی به صورت ملا زد بعد برگشت و شروع به عذر خواهی کرد که اشتباه کرده شما را به جای دیگری گرفتم. ملا قانع نشد، گریبان آن شخص را گرفت و به خانه قاضی برد و ماجرا را باز گو کرد. قاضی حکم کرد که ملا در عوض یک سیلی به آن شخص بزند ولی ملا به این راضی نشد پس قاضی حکم کرد که در عوض سیلی یک سکه طلا آن شخص به ملا بدهد. طرف ناچار تسلیم شد و برای آوردن پول از محکمه بیرون رفت. ملا چون مدتی منتظر ماند و آن شخص برنگشت برخواست و سیلی سختی به صورت قاضی زد و گفت: چون خیلی کار دارم هر وقت آن شخص پول را آورد شما در مقابل این سیلی از او بگیرید.

افاده بیجا

روزی ملا برای گردش به کنار دریا رفته بود تشنگی بر او غلبه کرد هر چه گشت آب خوراکی پیدا نکرد ناچار چند کف از آب شور دریا خورد ولی از خوردن آن آب تشنگیش شدید تر شد. پس از مدتی تجسس بالأخره به چشمه کوچکی رسیده آب سیری خورد و مقداری از آب آنرا هم برداشته به کنار دریا رفته به دریا ریخت و گفت: بیخود موج نزن و افاده نفروش کمی از این آب بخور و از شوری و بی مزگی خودت خجالت بکش.

ملا را کاشتند

ملا به باغی رفت. باغبانان را مشغول درخت کاری دید پرسید چه می کنید؟ جواب دادند درخت می کاریم تا میوه بدهد ملا گفت: مرا هم بکارید ببینم چه قسم میوه خواهم داد. باغبانها هم حرف او را شنیدند و او را در یکی از گودالهایی که کنده بودند گذاشته اطرافش خاک ریختند. به طوری که تا کمرش در خاک رفت. پس از ساعتی سرمای هوا به او تأثیر کرده با هزاران اشکال بیرون آمد و نزد باغبانان رفت. پرسیدند چرا به این زودی از جایت بیرون آمدی گفت: حقیقتش از جای خودم خوشم نیامد بعلاوه فکر کردم میوه من هم چیز خوبی نخواهد شد.

آدم یا گاو

ملا وارد بوستانی شده خربُزه می چید. بوستان بان او را دید و فریاد کرد: چه می کنی؟ ملا گفت: برای قضای حاجت به اینجا آمده ام. بوستان بان جلو آمد و گفت: کجا قضای حاجت به جا می آوردی؟ ملا نگاه کرد دید

پهن گاوی آنجا است آنرا نشان داد. بوستان بان گفت: این که پِهن گاو است ملا جواب داد: مسلمان تو که مهلت ندادی من مثل آدم ادرار کنم.

طفل عجول

زن ملا پس از چند روز ازدواج بچه‌ای زائید. ملا فوراً به بازار رفت، کتاب و کاغذ و کیف خرید و آورد بالای سر طفل گذاشت. پرسیدند: بچه نوزاد کتاب می خواهد چکند؟ ملا گفت بچه ای که راه نه ماهه را چند روزه طی کرده لابد پس از چند ساعت احتیاج به مکتب پیدا خواهد کرد.

بی عرضگی

ملا گرفتاری سختی پیدا کرد. یکی از دوستانش گفت: چهل روز نماز صبح را در مسجد جامع بخوان کارت اصلاح می شود. ملا به گفته او عمل کرد ولی گرفتاریش رفع نشد. تصادفاً روزی نماز صبح را در مسجد کوچک سر گذر خواند اتفاقاً همان روز کارش اصلاح شد. پس به مسجد جامع رفت و به محض ورود گفت: با این همه اسم و رسم و عظمت به قدر مسجد سر گذر هم عرضه نداشتی.

قربانی لازم است

رختشو پیراهن ملا را روی طناب بالای بام آویخته بود. اتفاقاً باد سختی وزید و پیراهن را به میان حیاط انداخت. ملا به زنش گفت بایستی گوسفندی قربان کنیم. زن سبب پرسید. ملا جواب داد: برای این که من میان پیراهن نبودم.

کشیدن دندان

شخصی از ملا پرسید: چشمم درد می کند علاج آن چیست؟ گفت: چندی پیش دندان من درد می کرد آنرا کشیدم.

دوباره خر شد

خر ملا مُرد. ملا با زحمت زیاد پولی تهیه کرد، به بازار رفت و الاغ خوبی خرید. افسار الاغ را گرفت و رو به منزل روانه شد. در بین راه دو نفر طرّار او را دیدند و الاغ را از چنگش بیرون آوردند. آنگاه آهسته یکی از آنها افسار الاغ را از گردنش گشود و به گردن خود انداخت و دیگری الاغ را از آنجا دور کرد، به بازار برد و فروخت. وقتی که ملا به در خانه رسید برگشته عوض الاغ آدمی دید که افسارش را در دست دارد. از حیرت در جای خشک شده گفت: سبحان الله من الاغ خریده بودم چطور آدم شد. پس از آن شخص پرسید: تو کیستی؟ جواب داد: ای آقا من نسبت به مادرم بی احترامی کردم مرا نفرین کرد خر شدم او هم بی معطلی مرا به بازار آورد و فروخت، شما هم خریدار شده خریدید. ولی از برکت وجود شما چند قدم که آمدیم دوباره آدم شدم. بعد روی دست و پای ملا افتاد و شروع به بوسیدن نمود و از او تشکر کرد که این اندازه صاحب کرامت است. ملا گفت: بسیار خوب برو ولی بعد از این هیچ وقت به مادرت بی احترامی مکن. دزد مفت خود دانسته فوراً از آنجا دور گشت. فردای آن روز باز ملا پولی تهیه کرد و برای خرید الاغ رفت در بازار اول دفعه چشمش به الاغی که روز قبل خریده بود افتاد. نزدیکش رفت و آهسته خم شده به گوش الاغ گفت: رفیق نصیحت مرا گوش ندادی دوباره خر شدی.

برای آن که سنگین نشود

از ملا پرسیدند چرا: صبح ها عده ای از مردم به یک طرف می روند و جمعی به طرف دیگر جواب داد: اگر همه از یک طرف می رفتند موازنه دنیا به هم می خورد و یک طرف سنگین شده زمین از جایش تکان میخورد و کج می شد.

خبر مرگ ملا

ملا در بیرون شهر قدم می زد دوار سر عجیبی در خود احساس کرد، با خود گفت یقین من مرده ام پس بی معطلی روی زمین رو به قبله دراز کشید مدتی به این حال ماند و اتفاقاً هیچ کس از آن طرف عبور نکرد. پس با خشم تمام از جای خود برخاست و به خانه اش رفت و به زنش گفت ای زن من مدتیست که در فلان محل مرده و خوابیده ام هیچ کس نیست که بیاید جنازه مرا بردارد و با شتاب به محل فوت خود برگشت و دوباره دراز کشید. زنش هم پس از شنیدن این قضیه فغان و زاری سر داد و برای مرگ و بیکسی ملا شیون کرد و گیسوهایش را کند. همسایه ها بر اثر شنیدن ناله زن جمع شدند، به خانه ملا رفتند، سبب را پرسیدند زنش خبر مرگ او را به آنها داد و همگی را غمگین کرد. یکی از همسایه ها پرسید: کی خبر مرگ او را آورد؟ زنش گفت: بیچاره ملا کسی را که نداشت خودش آمد، این خبر را داد و به جای خود برگشت. همسایه ها از شنیدن این جواب زن و شوهر را واگذاشتند و به سراغ کار خود رفتند.

انشاءالله

شبی ملا به زنش گفت اگر فردا باران ببارد به عوض شخم زمین بـرای هیزم به کوه خواهم رفت. زن گفت بگو انشاءالله. جواب داد انشاءالله ندارد به هر جهت یا شخم زمین یا آوردن هیزم کار فردای من است. اتفاقاً فـردا صبح که از خانه بیرون آمد به چند نفر سوار برخورد که از او راه یکی از قصبات را پرسیدند. ملا اظهار بی اطلاعی کرد ولی سواران خشونت کردند و با زدن چند سیلی مجبورش کردند که همراه آنها برود و راه قصبه را بـه آنها بنماید. ناچار در حالی که باران هم می بارید جلو اسب سواران شـروع به دویدن کرد و با خستگی و کسالت زیاد شب هنگام به خانه برگشت در حالی که نه به شخم رفته نه هیزم آورده بود. وقتی که در خانه را زد زنش پرسید: کیست؟ ملا فریاد زد: انشاءالله منم باز کن.

عارف حقیقی

مردی که خود را عارف قلمداد می نمود روزی ملا را مخاطب قرار داد و گفت: خجالت نمی کشی که هر چه می کنی مسخره و از روی حماقت است. ملا پرسید: سرکار چه کاره هستید؟ جواب داد: من همه شب به عالم ملکوت پرواز میکنم، به آسمانها می روم و عجایب عالم را سیر می کنم ملا گفت: هیچ وقت در موقع پرواز چیز نرمی به صورتت نخورده است؟ جواب داد: چرا ملا گفت: آن چیز دم الاغ ما بوده است.

تقسیم طبیعی

روزی بچّه ها مقداری گردو آوردند و از ملا خواستند که آنرا بینشان تقسیم کند. ملا گردوها را گرفت و به هر یک یک جور داد، بعضی را ده تا و بعضی را کمتر تا یکی و به بعضی هم هیچ نداد. بچّه ها پرسیدند: این چه قسم تقسیمی بود که کردی؟ ملا گفت: اگر همه شما یک شکل بودید گردوها را به تساوی مابینتان تقسیم می کردم ولی با این فرقی که خدا بین شما گذاشته مرا چه گناهست اگر همان فرق را در تقسیم قایل شده باشم.

خورجین گم شده

ملا از دهی عبور می کرد خورجینش را از روی خرش زدند. ملا اهل ده را جمع کرد و گفت: یا خورجین مرا پیدا کنید یا کاری که باید بکنم خواهم کرد. دهاتیهای ساده با هزار زحمت خورجین را یافتند و به او دادند. آنگاه کدخدا از او پرسید: ملا جان اگر خورجینت پیدا نمی شد چه می کردی؟ جواب داد: گلیمی که در خانه دارم پاره کرده خورجین دیگری می دوختم.

بچّهٔ ملا

زن ملا بچّه اش را به او داد و گفت: ساعتی نگاهش دار تا غذا بپزم. ملا بچه را بغل کرده می گردانید و از برای او لالایی میگفت، ادا در می آورد و مسخرگی میکرد. در این اثنا بچه به لباسش شاشید ملا اوقاتش تلخ شد، بچه را روی زمین گذاشت و به او شاشید و از سر تا پای او را آلوده کرد. زن ملا که از دور این حال را دید فریاد کرد مردکه این چه حرکتی است که می کنی ملا گفت: ضعیفه دعا کن که بچّهٔ خودم بود اگر بچّه دیگری بود سرتاپایش را ملوث می کردم.

درس عبرت

ملا به گرمابه رفت. کارکنان گرمابه اعتنایی به او نکردند و خدمتی انجام ندادند. ملا وقت بیرون رفتن ده دینار اجرت داد و گرمابه داران از این بخشش فوق العاده متحیّر ماندند و ممنون گردیدند. هفته دیگر که باز به گرمابه رفت احترام بی اندازه از هر یک از خدمه دید که هر یک به نوعی اظهار کوچکی می نمود ولی با این همه ملا وقت بیرون رفتن فقط یک دینار به آنها داد. گرمابه داران بی اندازه متغیّر گردیدند و پرسیدند: سبب بخشش بی جهت هفته قبل و رفتار امروزت چیست ملا گفت: مزد امروز حمام را آن روز و مزد آن روز را امروز پرداختم تا شما ادب شوید و به مشتری های خود توجه کنید.

فرق چیست

ملا را از شهر دوری برای آموزگاری پسر یکی از متمولین طلبیدند او هم با کمال میل پیاده راه دور را پیموده وارد خانه آن شخص شد. در ساعت

ورود صاحب خانه کتابی نزد او آورده گفت: بخوان ملا صفحه ای از آن را خواند صاحب خانه خودش هم کتاب را عیناً مثل ملا خواند. پس کاغذی به او داد تا مکتوبی بنویسد. ملا نوشت صاحب خانه مانند آن را هم نوشت. بعد رو به ملا کرد و گفت: می بینی که سواد من و تو به یک اندازه است و فرقی با هم نداریم. پس به تو حاجتی نیست. ملا گفت فقط یک فرق هست و آن این است که مرد طماع مردم آزاری مانند خودتان شما را هم از شهر دوری می طلبید و پیاده راه دور را پیموده به امیدی نزد او می آمدید و این مزخرفات را در عوض خیر مقدم از او تحویل می گرفتید. صاحبخانه که اصلاً برای شوخی ملا را طلبیده بود از جواب او متقاعد شد و پس از چند روز پذیرایی با تقدیمی لایقی ملا را به شهر خود برگرداند.

خط ملا

شخصی نزد ملا آمد و خواهش کرد کاغذی برای او به دوستش در بغداد بنویسد. ملا گفت: دست از سر من بردار که حالا وقت رفتن به بغداد را ندارم. آن شخص مقصود ملا را نفهمید، گفت: جناب ملا نگفتم بغداد برو فقط خواهش کردم کاغذی از طرف من به دوستم که در بغداد است بنویس. ملا گفت تعجب نکنید چون خط من خیلی بد است فقط کسی که می تواند خط مرا بخواند خودم هستم اگر از طرف شما به بغداد کاغذ بنویسم آن وقت لازم می شود که خودم به بغداد بروم که کاغذ را بخوانم.

قرب داشته باشد

می گویند هر چیزی از ملا می خواستند یک روز بعد می داد پرسیدند سبب چیست که چنین می کنی گفت می خواهم هیچ چیز بی قرب نباشد.

قیمت لنگ

ملا با یکی از امرا به گرمابه رفته بود در گرمابه امیر از روی شوخی پرسید: اگر من غلام بودم چند می ارزیدم؟ ملا گفت: پنجاه دینار. امیر غضبناک شد، گفت احمق تنها لنگی که به خود بسته ام پنجاه دینار ارزش دارد. ملا گفت: منهم لنگ را قیمت کردم والا امیر که قیمت ندارد.

تو از داخل من از خارج

ملا روزی الاغش را برای فروش به بازار برد و به دلال داد که بفروشد خودش هم در کناری ایستاده بود، تماشا می‌کرد. دلال شروع به توصیف الاغ کرد، گفت: ای مردم این الاغ را که می‌فروشم خیلی جوان و تند رو و کار کن است هر کس آن را بخرد کاملاً راضی و خشنود خواهد شد. بعد، ملا با خود فکر کرد در صورتی که الاغ من اینقدر خوبست چرا خودم

نخرم. پیش دلال رفت، قیمت را قطع کرد و پول داد و الاغ را برداشت به خانه بُرد و قضایا را برای زنش شرح داد. زن گفت منهم امروز معامله خوبی کردم وقتی که شیر فروش آمد که شیر برایم بکشد من او را پاییدم دیدم متوجّه نیست آهسته دست بندم را در ترازو انداختم تا شیر بیشتر بدهد. او هم ملتفت نشد و به اندازه وزن دست بند شیر زیادی داد. ملا که زرنگی او را شنید گفت: بسیار خوب بارک الله غیرت کن تو در خانه و من در خارج کاری کنیم که مخارج خانه به خوبی روبراه شود.

غذای لذیذ

ملا جگری خرید و به خانه می برد. در راه به یکی از دوستان رسید دوستش که آن را دست ملا دید پرسید: جگر را چه قسم خواهی پخت؟ ملا گفت: کباب خواهم کرد. آن شخص گفت اگر به دستور من آنرا بپزی بسیار لذیذ می شود. ملا خواهش کرد که چون حافظه خوبی ندارم دستور را روی کاغذ بنویسید و به من بدهید. دوستش دستور را نوشت و به ملا داد ملا چون به منزل رسید جگر را به گوشه ای گذاشت تا وسیله پختن آنرا به دستور رفیقش فراهم کند. در این وقت کلاغی آنرا ربود. ملا که مطمئن شد دستش به جایی نمی رسد کاغذ را آورد و رو به کلاغ که در حال پرواز بود گرفت و گفت بهتر بود دستور را هم می بردی و مطابق آن رفتار می کردی که لذیذتر شود.

الاغ فروشی

روزی ملا الاغی را به بازار برد که بفروشد هر مشتری که برایش می رسید اگر از جلو می آمد الاغ دهانش را باز می کرد که گاز بگیرد و اگر

از عقب می رفت لگد می انداخت. شخصی به ملا گفت با این وضع کسی الاغ را نخواهد خرید. ملا گفت: مقصود منهم فروش آن نیست می خواهم مردم بدانند که از دست این حیوان چه می کشم.

این منم یا او

ملا را سفری طولانی پیش آمد، پوست کدویی را سوراخ کرد و بگردنش آویخت تا گم نشود. شبی که خوابیده بود شخص شوخی کدو را از گردنش بیرون آورد و به گردن خود آویخت. فردا که ملا کدو را به گردن او دید گفت من یقین این شخص هستم پس در این صورت خودم کیستم.

قیامت کوچک و بزرگ

از ملا پرسیدند قیامت کی بر پا خواهد شد؟ پرسید: کدام قیامت؟ گفتند مگر چند قیامت هست؟ گفت: وقتی که زنم بمیرد قیامت کوچک و هنگامی که خودم بمیرم قیامت بزرگ برپا خواهد شد.

اجرت حمالی

ملا باری به دوش حمالی گذاشت که همراهش به منزل بیاورد. در بین راه حمال گم شد. هر چه گشت او را نیافت و تا ده روز کارش جستجوی او بود. بالأخره روز دهم با جمعی از دوستانش از کوچه ای می گذشت چشمش به آن حمال افتاد که بار دیگری بر دوش دارد. به دوستانش گفت این همان حمال است که در تعقیبش هستم ولی بدون این که به حمال حرفی بزند از آنجا گذشتند. دوستانش پرسیدند: چرا از حمال بازخواست

نکرده و بارت را مطالبه نکردی؟ ملا جواب داد: فکر کردم اگر او اجرت ده روز حمالی را از من بخواهد چه بکنم؟

دعوای پشت بام

شب تابستانی بین ملا و زنش در پشت بام مشاجره شده کار به نزاع کشید. در اثنای دعوا پای ملا لغزید و از بام به زمین افتاد. همسایه ها که از صدای افتادن او مضطرب شده به سراغش آمده بودند ملا را که از صدمه افتادن بیهوش شده بود با زحمتی به هوش آورد و سبب پرسیدند. ملا گفت هر کس می خواهد درست از موضوع مطلع شود با زنش در پشت بام دعوا کند.

احتیاج به آمدن نیست

زن ملا را دل درد شدیدی عارض شد. ملا برای آوردن طیب بیرون رفت ولی چون به کوچه رسید زنش از پنجره گفت: درد دلم آرام گرفت طبیب لازم نیست ملا به حرف او گوش نداد، به خانه طبیب رفت و او را از اندرون بیرون کشید و گفت: زن مرا دل درد شدیدی عارض شده بود و من برای بردن شما می آمدم از پنجره صدا کرد که درد دلم آرام گرفت دیگر حاجت به طبیب ندارم من هم آمدم به شما اطلاع دهم که به آمدن شما حاجت نیست.

لطیفه

از ملا پرسیدند زندگی افراد بشر تا کی ادامه خواهد داشت. گفت تا وقتی که جهنم و بهشت پُر شود.

سرکه هفت ساله

شخصی نزد ملا آمد و پرسید می گویند شما سرکه هفت ساله دارید آیا راست است ملا گفت: بلی. آن شخص گفت خواهش دارم یک کاسه به من بدهید. ملا گفت عجب اگر می خواستم آن را به هر کس بدهم که یک ماه هم نمی ماند!

الاغ گم شده

ملا الاغش را گم کرد. در کوچه و بازار عقب او می گشت و خدا را شکر می کرد پرسیدند شکرت برای چیست؟ گفت برای این که اگر خودم هم با او گم شده بودم حالا باید دیگری عقب من و الاغ بگردد.

باز روزی الاغش را گم کرد، در بازار فریاد می زد هر که الاغ مرا پیدا کند با پالان و افسار و غیره به او خواهم بخشید پرسیدند: در صورتی که الاغ را با همه چیز می بخشی زحمت پیدا کردن آنرا چرا تحمل می کنی گفت: شما نمیدانید پیدا کردن گم شده چقدر لذت دارد.

انبر سه هزار دیناری

شخصی در بازار شمشیر برای فروش آورده بود، سه هزار دینار قیمت می کرد. ملا پرسید: سبب گرانی آن چیست گفتند: این شمشیر در موقع حمله به دشمن پنج ذرع دراز می شود ملا انبری از منزلش برداشته به بازار برد و فریاد کرد این انبر را به سه هزار دینار می فروشم مردم جمع شدند و گفتند انبری نیم دیناری را تو چطور سه هزار دینار قیمت می کنی گفت: شما شمشیری که پنج ذرع دراز می شود سه هزار دینار قیمت می کنید این

انبر را که هر وقت زنم با من دعوا می کند ده ذرع به من پرتاب می کند چطور سه هزار دینار نگویم.

نی لبک

ملا از کوچه ای عبور می کرد بچه ها دور او را گرفتند و خواهش کردند برایشان نی لبک بخرد ملا به آنها وعده داد که خواهم خرید از جمله یکی از بچه ها پولی به او داد و خواهش خریدن نی لبک کرد. ملا به او وعده کرد. عصر که برگشت بچه ها را منتظر خود دید که از او پرسیدند نی لبک خریده است یا نه. ملا نی لبکی بیرون آورد و به پسری داد که صبح پولش را داده بود و به دیگران گفت نی لبک زدن برای بچه های پولدار خوبست.

اندازه دنیا

روزی جمعی در کوچه جلو ملا را گرفتند و پرسیدند: دنیا چند ذرع است. قبل از این که ملا جواب دهد جنازه ای از آنجا عبور میدادند ملا تابوت را نشانداده گفت این مسئله را از این شخص بپرسید که دنیا را ذرع کرده و می رود.

حرف مرد

از ملا پرسیدند چند سال داری؟ گفت: چهل سال گفتند: تو ده سال قبل می گفتی چهل سال دارم حالا هم می گویی چهل سال. ملا جواب داد: حرف مرد یکیست اگر بیست سال دیگر هم بپرسید باز خواهم گفت چهل سال دارم.

در سایه ابر

روزی ملا در صحرا جاهای مختلفی را حفر می کرد. شخصی از او پرسید چه می کنی گفت پولی در این صحرا دفن کرده ام هر چه می گردم پیدا نمی شود. آن شخص پرسید مگر علامتی برای آن نگذاشتی؟ گفت چرا وقتی که پول را دفن می کردم تکه ابری روی آن سایه انداخته بود ولی حالا نمی دانم چه شده است.

فایده ماه

از ملا پرسیدند: آفتاب مفیدتر است یا ماه؟ گفت: مطلب به این واضحی که پرسیدن ندارد آفتاب روز روشن بیرون می آید که وجودش چندان

مفید نیست ولی ماه شبهای تاریک را روشن می کند معلوم است نفعش هزار برابر آفتاب است.

مادر مطلقه

ملا به شهری رفت. در آنجا مریض شد کسانی که به عیادتش آمده بودند از او پرسیدند اگرخدای نکرده بمیری وارثت کیست گفت: من فقط مادری دارم که پدرم در اواخر عمر او را طلاق داده بود به این جهت مثل این است که وارث ندارم.

وصیّت ملا

ملا به دوستانش وصیّت کرد که پس از مرگ قبر مرا با سنگ و آجر نسازید پرسیدند چرا؟ گفت: می خواهم روز قیامت که سر از قبر بر می دارم از این حیث در عذاب نباشم و به راحتی برخیزم.

هوای گرم

در مجلسی که ملا هم بود صحبت عربستان به میان آمد که در بعضی نقاط آن از کثرت گرمی هوا اغلب مردم لخت می گردند. ملا پرسید: پس آنجا زن و مرد را از هم چگونه تشخیص می دهند.

طهارت قبلی

روزی زن ملا گفت: آفتابه سوراخ شده آب در آن باقی نمی ماند. ملا گفت چاره این کار سهل است تا به حال بعد از ادرار کردن طهارت می گرفتی حال اول طهارت بگیر بعد ادرار کن.

انجام وظیفه

ملا در باغ خود مشغول کاشتن نهالهای کوچک بود عابری پرسید: به چه طمع به کاشتن این درختها مشغولی و تصوّر می کنی چند سال دیگر عمر کنی که ثمر این درختها را بخوری. ملا با کمال وقار گفت: ای نادان دیگران کاشتند بر آن نصیب ما شد ما می کاریم تا آیندگان از میوه آن استفاده برند.

پرسیدنش صحیح نیست

شخصی ظرف سر بسته نزد ملا آورد و به امانت گذارد که پس از چند روز بیاید بگیرد. پس از رفتن آن شخص ملا درب آنرا گشود، دید درون آن عسل بسیار خوبی است انگشتی از آن خورد دید خیلی لذیذ است هر وقت می رفت و بر می گشت یک انگشت از آن می خورد تا بالأخره از عسل خالی شد. پس درب آنرا بست و در گوشه ای گذاشت. پس از دو سه روز که ملا به واسطه خوردن عسل زیاد بیمار شده بود آن شخص آمد و امانت خود را خواست ملا ظرف خالی را نشان داد آن شخص ظرف را برداشت، آنرا خیلی سبک دید و چون درش را گشود آنرا خالی یافت، از ملا پرسید: محتویات این ظرف چه شده ملا گفت: حال بیمار مرا بنگر و از این پرسش صرفنظر کن.

وقوف بر احوال

یکی از شبهای تابستان که ملا روی بام خوابیده بود غَلتی خورد و از بام به زمین افتاد در نتیجه دست و پایش شکست. دوستانش که به عیادت

آمدند حال او را پرسیدند ملا گفت: برای این که درست از حال من واقف شوید خوبست خود را از بام به زیر اندازید.

خوراک هیچ

روزی که باد سختی می وزید ملا سوار بر شتر از بیابان می گذشت در اثنای راه مشتی قاووت بیرون آورد خواست به دهانش ریزد ولی باد مهلت نداده آن را برد. همسفرهایش پرسیدند که چه می خوری گفت: اگر به همین ترتیب باشد هیچ چیز.

خوابم پریده

ملا بعد از نصف شب از خانه اش خارج شد و در کوچه ها به گردش مشعول شد. داروغه به او رسید و پرسید: ملا این وقت شب در کوچه ها

چه می کنی گفت: خان داروغه خدا مبتلایت نکند سر شب خواب از سرم پرید و چند ساعت است هر چه می گردم به گردش نمی رسم.

استحمام گرم و سرد

روزی ملا از صحرا که به خانه آمد زنش گفت خوب است فوراً به گرمابه بروی و زود بر گردی چون عروسی خواهرم است و تو باید وظیفه پدری انجام دهی. ملا به گرمابه رفت، با عجله خود را شست. وقت خارج شدن باران شدیدی می بارید. حدس زد که به این زودی بند نمی آید ناچار لباسهایش را به دستمالی پیچیده بغل زد و عریان عازم محل عروسی شد. اهل خانه که جمعاً منتظر آمدن ملا بودند او را دیدند لخت در هوای بارانی می آید. پرسیدند این چه وضعی است گفت: هر کس بی موقع به گرمابه برود استحمام گرم و سرد هر دو می کند.

دست خالی

ملا در کنار چشمه آبی مشغول صید ماهی بود و ماهی هایی را که می گرفت در سبدی می انداخت. بچه های محل که او را کاملاً مشغول دیدند هر یک دو سه دانه ماهی برداشتند و فرار کردند. ملا به آنها اعتنا نکرد و به کار خود مشغول بود. پس از ساعتی که کاملاً خسته شد برخاست که برود چون سبد را نگریست هیچ ماهی در آن ندید. رو به چشمه کرد و گفت: می بینی همان طور که خالی آمده ام خالی هم بر می گردم دیگر بی جهت بر من منت مگذار. پس سبد را هم به چشمه انداخت و گفت: این هم مال تو.

راه پر پیچ و خم

هزار دینار پول ملا را دزدیدند. ملا به مسجد رفت و برای پیدا شدن پولش به درگاه خدا زاری و تضرع می کرد اتفاقاً اموال یکی از تجار هم در دریا با طوفان مصادف شده بود تاجر نذر کرد اگر اموالش به سلامت برسد هزار دینار ملا را بدهد. پس از چندی کشتی به سلامت وارد شد و تاجر هم هزار دینار معهود را داد. ملا گفت: سبحان الله اگر هزار دینار به منجّم هم می دادم نمی توانست معین کند که پول من از چنین راه پر پیچ و خمی بر گردد.

صرفه جویی ملا

وقتی ملا کم پول شد با خود اندیشید که باید صرفه جویی کرد. قرار گذاشت عجالتاً از جو روزانه الاغش قدری کم کند. مدتی چند مشت روزانه تدریجاً کم می داد دید الاغش چندان فرقی نکرد کمتر کرد. به همین ترتیب الاغ از حال طبیعی خارج شد به کلی لاغر گشت. بالأخره یک روز الاغ مرد. وقتی که ملا او را به این حال دید گفت خوب به ریاضت کشیدن عادت کرده بودی افسوس که اجل مهلتت نداد.

پوستین ملا

ملا هر وقت پوستین در بر میکرد کنار آتش می نشست در موقع بیرون آوردن سر آن را می بست و به دیوار می آویخت. سبب را پرسیدند گفت: می خواهم هوای گرم داخل آن خارج نشود و برای بعد بماند که دیگر حاجت به روشن کردن آتش نداشته باشم.

دلیل منطقی

ملا دو سبد انگور روی الاغش گذاشت و به شهر آمد. جوانهای محل جلو او را گرفتند و گفتند ملا به ما انگور نمی دهی؟ ملا جمعیت را از نظر گذراند، دید اگر به هر کدام یک خوشه بدهد چیزی باقی نمی ماند. لذا یک خوشه بیرون آورده به هر یک دو حبه انگور داد و گفت: چون غرض چشیدن است مزه یک حبه با یک خوشه انگور یکی است بین کم و زیاد آن هم فرقی نیست.

لطیفه

ملا در خانه خود درختی کاشت و به ریشه آن شاشید و گفت آب اوّل و آخرت همین است که می بینی.

تاثّر ملا

زن ملا مرد ولی چندان اثری در او نکرد و چندان متأسّف به نظر نمی آمد ولی الاغش که مرد تا چند روز ملا را کسی شاد ندیده دائم اندوهگین بود. دوستانش که همیشه او را شاد می خواستند برای تسلیتش جمع شدند و گفتند: خودت سلامت باشی چقدر غصه مال دنیا را می خوری. یکی گفت: با این که مدتی نیست که عیالت فوت شده از مرگ او چندان متأثّر نشدی ولی برای الاغ این همه حزن. چه سبب دارد؟ ملا گفت: برادر روز بد نبینی زنم که مرد همسایه ها و دوستان که می آمدند تسلیتم می دادند و می گفتند: غصه نخور بهتر از او برایت پیدا می کنیم ولی الاغم که مرد هیچ کس چنین وعده ای به من نداد.

هوای بهار

شخصی از سردی هوا شکایت کرد دیگری گفت: مردم چقدر ناشکرند تابستان که می شود از گرمی و زمستانها از سردی هوا شاکیند و هیچ وقت شکر نمی گذارند. ملا گفت: تا به حال کسی از هوای بهار شکایت کرده؟

شهادت دروغ

شخصی به ملا بیست دینار پول داد که نزد قاضی شهادت بدهد که صد خروار گندم از دیگری می خواهد چون در محضر قاضی حاضر شدند و آن شخص ادّعای خود را بیان کرد و نوبت شهادت ملا که رسید گفت شهادت می دهم که این شخص صد خروار جو از طرف می خواهد. قاضی گفت او ادّعای گندم می کند تو شهادت جو می دهی گفت: با من قرار گذاشته شهادت بدهم دیگر گندم و جو طی نکرده است.

پسر ملا

روزی ملا روی منبر نشسته بود، جمع کثیری منتظر شنیدن موعظه او بودند ولی ملا هر چه فکر کرد چیزی به خاطرش نرسید که بگوید بالأخره گفت ای مردم شما می دانید که من در موعظه کردن چقدر سابقه و اطلاع دارم ولی امروز هر چه فکر کردم چیزی به خاطرم نرسید تا برای شما بگویم. پسر ملا که در جمله حاضرین نشسته بود برخاست و گفت: بابا حتی از منبر پایین آمدن هم به خاطرت نرسید؟ مردم از این حرف تعجّب کردند و گفتند حقا که پسر ملاست. ملا شکر خدا را به جا آورد که به او چنین پسری داده و از منبر به زیر آمد.

پول دوستی

خسیسی از ملا پرسید: تو هم پول دوست داری؟ ملا جواب داد: آن قدر که محتاج به مردمان لئیم و بی وجدان نباشم دوست دارم.

تغییر شکل

روزی افسار الاغ ملا را دزدیدند. گوش الاغ را گرفت و آنرا به خانه برد. پس از چند روز افسار را در سر الاغی بندری دید، قدری به آن نگاه کرد و گفت: سر این الاغ مال من است ولی جسمش به الاغ من شبیه نیست.

انبار ملا

از ملا پرسیدند اسرار خودت را با که می گویی؟ جواب داد: چون سینه مردمان انبار من نیست تا به حال سرّ خود را به کسی نگفته ام.

بستن راه دزد

ملا بهار که می شد هر روز چند درخت در باغچه میکاشت و شب آنها را بیرون می آورد و به اطاق می برد. سبب پرسیدند: گفت با این دزد زیاد بهتر است که مالم را زیر سرم بگذارم تا خاطر جمع باشم.

روزهای این شهر

ملا وارد شهری شده در بازار تفرج می کرد. شخصی از او پرسید: امروز چه روزی است ملا گفت: تازه امروز وارد این شهر شده ام و هنوز با روزهای اینجا آشنا نیستم خوبست از یک نفر اهل بلد سئوال کنی.

تار زدن ملا

ملا به مجلس سروری دعوت داشت حاضرین از او خواهش کردند که آنها را از ساز زدن خود خرسند سازد. ملا هم بدون مضایقه ساز را به دست گرفت و با مضراب اتصالاً به نقطه ای میزد و صدای نامطلوبی ایجاد می کرد. پرسیدند: این چه قسم ساز زدن است. برای ساز زدن لازم است انگشتها را روی پرده ها گردانید تا نوای خوشی بنوازد. ملا گفت: مردم چون می خواهند پرده ها را پیدا کنند با انگشت خود پی آنها می گردند ولی من پرده ها را جسته ام دیگر لزومی ندارد که عقب آنها بگردم.

بچگی عمّامه

در یکی از اعیاد بچّه ها در کوچه به بازی مشغول بودند. ملا در گوشه ای ایستاد بود و بازی آنها را تماشا می کرد. یکی از بچّه ها عمامه او را ربود

و به طرف رفیقش انداخت او هم برداشت و به سوی دیگری پرتاب کـرد. همین طور عمامه ملا دست به دست می گردید ملا هر چه تقلا کـرد و از پی آنها دوید را نتوانست عمامه را از آنها بگیرد. بالأخره مأیوس شد و بـه سمت خانه رفت. در بین راه جمعی او را دیدند و از او پرسیدند علـت سـر برهنگیت چیست؟ ملا گفت عمامه ام بچگی خـود را بیـاد آورد و بـرای بازی پیش بچّه ها رفت.

دو زن ملا

ملا دو زن داشت روزی هر دو نزد او آمدند و پرسیدند: کدام یک از مـا را بیشتر دوست داری؟ ملا خیلی سعی کرد که هر دو آنها را راضی نگـاه دارد و باعث رنجش هیچیک نشود. لذا با اصرار گفت که هـر دو شـما را بیش از اندازه دوست دارم ولی آنها راضی نمـی شـدند و سـئوال خـود را تکرار میکردند. بالأخره زن جوانتر پرسید: مثلا اگر ما هر دو با شما سـوار قایق باشیم و قایق در رودخانه برگردد به خلاصی کدام یک از ما اقدام می کنی. ملا هر چه سعی کرد جوابی پیدا نکرد. بـالأخره رو بـه زن قـدیمش کرد و گفت: گمان دارم شما کمی شنا کردن بلد باشید.

چابک سوار

در مجلسی سخن از چابک سواری و زرنگی بود هر کس واقعـه ای کـه دال بر فعالیت و زرنگیش بود شرح می داد. نوبت به ملا رسـید گفـت: در سابق خیلی چابک و زرنگ بودم یک روز در میدانگاه اسب بسیار شروری آورده بودند که هر کس به او نزدیک می شد با لگد او را دور مـی کـرد من آن زمان جوان بودم دامن به کمر زدم و چرخی دور اسب زدم (در این

اثنا دو نفر از رفقای جوانی ملا که از چگونگی کار او آگاه بودند وارد مجلس شدند) ملا حرفش را این طور تمام کرد: ولی هر چه به خود دل دادم جرئت نزدیک شدن به آن را در خود نیافتم.

ماهی یونس

ماهیگیران در کنار شطی مشغول صید ماهی بودند. ملا ایستاده بود و تماشا می کرد. اتفاقاً پایش لغزید میان تور ماهیگیری افتاد. ماهیگیر پرسید: چه می کنی گفت: مرا ماهی یونس فرض کن.

گردن بند

ملا همیشه از دست دو زن خود در عذاب بود. روزی برای جلب محبت و راحت بودن از آزار آنان دو گردن بند خرید و هر یک را به یکی از آنها داد و اصرار کرد دیگری نفهمد ولی این دفعه پس از چند روز باز زنانش تصمیم گرفتند او را وادارند که اقرار کند محبتش به کدام یک بیشتر است. گردن بند به دادش رسید، در جواب گفت به کسی که گردن بند داده ام بیشتر علاقه دارم و هر دو را راضی کرد بدون آنکه بدانند که این جواب مشکل آنها را حل نکرده.

چرا نمی خوری

ملا به سفر می رفت در اثنای راه دچار راهزنان شد، کیسه را به باد داد. وقتی که وارد شهر شد پول نداشت و خیلی هم گرسنه و خسته بود. جلو دکان نانوایی رسید، ایستاد، به تماشای نان مشغول شد و از نانوا پرسید: این دکان متعلق به خودت است؟ جواب داد: بلی باز پرسید: چطور تمام این

نانهای سفید و گرم مال تو است؟ نانوا باز جواب داد: بله همه اینها متعلق به من است. پس دوباره و سه باره پرسید و همان جواب را شنید در آخر گفت: پس در این صورت چرا ایستاده ای و آنها را نمی خوری.

مرغان عزادار

خروس ملا مُرد. ملا تکه پارچه مشکی سوراخ کرد و به گردن جوجه ها آویخت. پرسیدند: چرا چنین کردی؟ جواب داد: جوجه ها برای پدرشان عزادارند.

هر که اول حرف زد

ملا به زنش گفت علیق دادن الاغ تا حال با من بود بعد از این چون من خسته شده ام تو باید این کار را بکنی. زن قبول نکرد تا کارشان به منازعه کشد. پس از ساعتی مشاجره و ناسزا گویی قرار گذاشتند هر کس اول بار

حرف بزند دادن علیق الاغ به عهده او باشد. چند ساعت هر دو ساکت ماندند و به روی هم خیره شدند. بلأخره حوصله زن سر آمد، برخاست به خانه همسایه رفت و قضیه را برای او تعریف کرد و خواهش کرد یک کاسه آش برای او بفرستند چون او به قدری عنود است که اگر هم از گرسنگی بمیرد حرف نخواهد زد. بچه همسایه کاسه آش را برداشت و به منزل ملا آمد.

از قضا پس از رفتن زن دزدی در خانه را باز دیده وارد خانه شده وهمه اشیاء قیمتی را جمع آوری کرده بود و در آخر داخل اتاق ملا شد چون دید ساکت نشسته و تکان نمی خورد گمان کرد باید فلج یا لال باشد که اصلاً حرکت نمی کند برای امتحان پیش رفت، عمامه او را برداشت و به زمین انداخت ملا ابداً دست در نیاورد و به هیچ وجه ممانعت نکرد. پس دزد اشیاء جمع آوری کرده را به دوش گرفت و از خانه خارج شد. در همین موقع بچّه همسایه با کاسه آش وارد شد خانه را بکلی خالی و ملا را در گوشه اتاقی یافت که ساکت و بی حرکت نشسته. پس کاسه را جلو او گذاشت ملا با دست و انگشت اشاره کرد و آمدن دزد و دزدیدن تمام اثاثیه حتی انداختن عمامه اش را به بچه اشاره کرد ولی از این اشارات بچّه چیزی نفهمید، گمان کرد مقصود ملا از نشان دادن سرش این است که کاسه آش را روی سرش برگرداند. در حال کاسه را برداشت و بر سر ملا برگردانید و تمام سر و صورت او را آلوده و آشی ساخت. بعد هم رفت قضایا را برای زن ملا تعریف کرد. زن که وخامت قضیه را فهمید با کمال عجله به منزل آمد دید دزد خانه را خالی کرده و ملا با سر و صورت آلوده بی حرکت نشسته با خشم تمام فریاد کرد: ای مرد این چه وضعیتی است، حیا کن، زندگی را از دست داده ای باز هم با این حالت نشسته ای؟ ملا در

حال به سخن آمد و گفت: اوّل برو علیق الاغ را بده بعد برای سایر چیزها فکر می کنیم.

زبان مردم

روزی ملا با پسرش به دهی می رفتند. ملا پسر را سوار الاغ کرد و خودش پیاده راه می پیمود. در راه به چند نفر برخوردند که پسر ملا را با انگشت نشان دادند و گفتند امروزه اولاد ابداً رعایت احترام پدر را نمی کنند ببینید این پسر سوار الاغ شده پدر پیرش از عقب او پیاده روان است. پسر ملا به پدرش گفت دیدی بابا من گفتم خوب نیست که شما پیاده باشید و من سوار گردم قبول نکردید دیگران هم همین طور می گویند. حالا دیگر سوار شوید و من پیاده خواهم آمد. ملا سوار الاغ شده پسرش پیاده به دنبال بپروان بود. پس از گذشتن یک میدان راه باز به جمعی برخوردند که می گفتند مرد حسابی سالهاست به گرما و راه رفتن عادت دارد با این حال با کمال بی انصافی سوار شده و پسر جوانی که با سرد و گرم آشنا نیست در عقبش پیاده می رود. ملا پسر را هم به ترک خود سوار کرده راه افتادند. هنوز چند قدمی نرفته دو نفر عابر آنها را از بی انصافی که کرده اند و در هوای گرم دوترکه سوار الاغ شده بودند مذمت کردند. ملا و پسرش از الاغ پایین آمدند و هر دو پیاده عقب الاغ به راه افتادند. چند قدم که رفتند باز شخصی رسید و گفت خدا شعور بدهد دو نفر نادان در عقب الاغ در این هوای گرم پیاده راه می روند. ملا غضبناک شده گفت: حرف شما صحیح است ولی راهی برای رهایی ما از زبان مردم پیدا کنید تکلیف خودمان را زود می توانیم معلوم کرد.

باز کردن دهان

شخصی در مجلسی اتصالاً حرف می زد. ملا که در مجلس حاضر بود در گوشه ای نشسته بود و خمیازه می کشید. یکی از حاضرین گفت: خوبست شما هم یک دفعه دهان باز کنید. ملا گفت: برادر آنقدر دهان باز کردم نزدیک است دهانم بدرد.

سه کیلو یک من است

ملا در باغ می گشت اتفاقاً خرگوشی از جلو او عبور می کرد. ملا دست انداخت آنرا گرفت و در توبره انداخت و سرش را بست و به خانه برد. در بین راه فکر می کرد حیوان به این قشنگی که تا به حال من ندیده ام لابد بسیار پر قیمت است و می شود آنرا به دولتمندان به قیمت خوبی فروخت.

پس با عجله به خانه رفت و به زنش سپرد که درب توبره را باز نکند تا او برود چند نفر پولدار بیاورد و خرگوش را نشان بدهد و به قیمت خوب بفروشدد. زن ملا پس از بیرون رفتن ملا به فکر افتاد که باید بداند چیزی که ملا آرزو دارد به قیمت گزاف بفروشد چیست. به این خیال در توبره را باز کرد و به محض باز شدن خرگوش بیرون جست و فرار کرد. زن که چنین دید از ترس ظرف جو را برداشت و میان توبره گذاشت و سرش را بست. پس از ساعتی ملا پنج نفر از تجار پولدار را همراه به خانه آورد و آنها را به اتاق هدایت کرد. پس از نشستن و تعارف در حالی که همه را شایق و منتظر دیدن چیز عجیبی کرده بود توبره را آورد خالی کرد و ظرف جو به وسط اتاق افتاد. ملا که از حیرت دهانش باز مانده بود نمی دانست چه بگوید گفت: آقایان این ظرف را اگر سه مرتبه با جو پر کنیم یک من می شود.

صدای پول

در زمان قضاوت ملا دو نفر به محضر او آمدند. یکی ادّعا کرد که این شخص در خواب بیست دینار از من گرفته حالا پس نمی دهد. ملا طرف را خواست و گفت بیست دینار بده و پس از گرفتن آنرا به هم زد و به صدا در آورد و با هر صدا می گفت بگیر این یک این دو به همین ترتیب تا بیست دفعه پولها را به صدا درآورد و به مدعی صدای آنرا تحویل داد و عین آن را هم به صاحبش رد کرده گفت قرض تو ادا شد او هم پولش را از دست نداد حالا بسلامت بروید.

از وظایف زن

روزی خانه ملا آتش گرفت. یکی از همسایه ها با عجله نزد او رفت و گفت چه نشسته ای خانه ات آتش گرفته زود خود را برسان والا پس از چند دقیقه هر چه داری خواهد سوخت. ملا با کمال خونسردی گفت: من کارها را با زنم قسمت کرده ام و قرار گذاشته ایم کارهای بیرونی را من انجام دهم و کارهای داخلی به عهده او باشد لذا خوب است زحمت بکشید بروید این خبر را به او بدهید تا فکری برای علاج این کار بکند.

تشویش فکر

شب عید زن ملا خاگینه فراوانی پخت و ملا را که زیاد خاگینه دوست می داشت کاملا خوشحال کرد. بعد از آنکه شام را با لذت تمام خوردند باقی مانده را برای ناهار فردا گذاشتند. در موقع خواب فکر باقی خاگینه ها نگذاشت ملا بخوابد ناچار زنش را بیدار کرد و گفت: ای زن تو فکر مرا امشب مشوش کرده خوابم را از بین برده ای بایستی چاره ای کرد. زن گفت چکنم گفت: باقی خاگینه ها را بیاور بخورم بلکه خوابم ببرد. زن گفت مرد حیا کن تازه غذا خورده ای بخواب فردا آنرا خواهی خورد ملا با اصرار تمام گفت: تا آن را نیاوری خوابم نمی برد. بلأخره زن ناچار شد بقیه خاگینه را آورد ملا هم با شتاب و حرص تمام آنرا بلعید فکرش راحت شد و خوابید.

همه حق دارید

در زمان قضاوت شخصی نزد ملا آمد و دعوایی طرح کرد و به طوری قضیه را بیان کرد که کاملا خود را محق جلوه داد و پس از بیان مطلب از

ملا پرسید: رأی شما در این باب چیست ملا گفت: شما حق دارید. روز دیگر طرف دعوا آمد قضیه را طوری برای ملا شرح داد که طرفش کاملا زور گفته و او مظلوم واقع شده و در خاتمه قضیه از ملا رأیش را پرسید. ملا گفت: شما را در این قضیه محق می بینم. پس از رفتن آنها زن ملا که از پشت در هر دو روز موضوع را شنیده بود نزدش آمد و گفت عجب ملا این چه قسم قضاوتی است. درست است که من قاضی نیستم ولی لااقل زن قاضی که هستم و تا اندازه ای از این چیزها سر درمی آورم. تو به مدعی می گویی حق داری و به مدعی علیه هم حق می دهی عاقبت این کار به کجا خواهد رسید؟ ملا با کمال خونسردی گفت: درست است زن عزیزم تو هم حق داری.

وصول طلب

ملا از شخصی طلب داشت. برای وصول آن رفت ولی هر چه اصرار کرد چیزی وصول نشد. در موقع برگشتن گرسنگی کاملا به او فشار آورد چشمش به دکان نانوایی افتاد که نانهای تازه و سفید را روی هم چیده بودند. از دیدن آن نزدیک بود ضعف کند کمی ایستادو با صدای بلند گفت: خدایا تو می دانی که از فلانی چقدر طلب دارم و امروز با این زحمت برای وصول آن آمدم نداد باز هم عالمی که الان یکشاهی در جیب ندارم و از گرسنگی طاقتم طاق شده است. خدایا چند سکه از پول من از آن شخص بگیر و به این نانوا بده. به محض گفتن این جملات دست برد و یک نان برداشته و با عجله شروع کرد به خوردن. نانوا که حال او را دید و سخنان او را شنید گفت ملا جان نوش جانت بفرما برو پول نمی خواهم.

آدم منصف

ملا چغندر و زردک و شلغم و ترب و سبزیجات مختلف خرید، در خورجین گذاشت و آنرا به دوش انداخت و سوار الاغ شد. شخصی گفت: پس چرا خورجین را به ترک الاغ نمی اندازی ملا گفت: من انصاف دارم خدا را خوش نمی آید که هم خودم سوار شوم و هم خورجین را روی الاغ بیندازم.

مناره

ملا با یکی از دوستان وارد شهری شد. از دور مناره های بلند دیدند و رفیقش پرسید: اینها را چگونه ساخته اند ملا گفت: برای ساختن آنها چاهی کنده خاک را روی هم تل می کنند تا مناره درست می شود.

مال فقیر

ملا با چند نفر به مهمانی دعوت شده بودند. همه در گوشه ای نشسته بودند و قندرون می جویدند. در این ضمن میزبان خبر داد که ناهار حاضر است. چون سر سفره نشستند ملا قندرون را از دهان بیرون آورد و به نوک دماغش چسباید و به خوردن ناهار مشغول شد. مهمانها پرسیدند: که چرا چنین کردی گفت: بهتر این است مال آدم فقیر همیشه جلو چشمش باشد.

لطیفه

شخصی پهلوی ملا نشسته بود اتفاقاً بادی از او خارج شد برای از بین بردن صدای آن کفش خود را روی تخته کشید و به صدا در می آورد. ملا گفت: صدای آن را از بین بردی برای بوی آنهم می خواستی فکر بکنی.

اصلاح اغلاط

وقتی قدغن شده بود که کسی اسلحه حمل نکند. روزی ملا در کوچه می رفت و از زیر جبّه اش کارد بلندی نمایان بود. مأمورین داروغه او را گرفتند و پیش داروغه بردند. داروغه غضبناک به ملا گفت مگر قدغن را نشنیده ای که نباید با خود اسلحه حمل کرد. ملا گفت اشتباه نکنید این اسلحه نیست این را برای تصحیح اغلاط کتاب به مدرسه می برم. داروغه را غضب بیشتر شد و گفت حالا می خواهی مرا دست بیندازی. ملا گفت: عجب، شوخی نمی کنم بعضی غلطها هست که با کارد خیلی بزرگتر و تیزتر از این هم نمی شود آنرا تصحیح نمود.

راه آسمان

کشیشی نزد ملا رفت و گفت چند سئوال دارم. ملا گفت مانعی ندارد در اثنای صحبت پرسید: پیغمبر شما چطور به معراج رفته. ملا در جواب گفت: از نردبانی که پیغمبر شما به آسمان چهارم رفت بالا رفت.

ساکت کردن کشتی

ملا در کشتی بادی سفر می کرد. در بین راه دریا طوفانی شد و نزدیک بود کشتی غرق شود. کشتی بانان به سر تیرها رفتند که بادبانها را فرود آورند. ملا فریاد بر آورد: مسلمانها این کشتی از ته می جنبد شما می خواهید از سر ساکتش کنید.

خرمای با هسته

ملا مقداری خرما خریده بود، آنها را با هسته می خورد زنش پرسید: علت اینکه خرما را با هسته می خوری چیست؟ جواب داد: مگر بقال که خرما را به من فروخت هسته اش را بیرون آورد تا من بیرون آرم.

مادر زن ملا

برای ملا خبر آوردند که مادر زنت کنار رودخانه رخت می شست پایش لغزیده به رودخانه افتاد هنوز هم جسد او پیدا نشده. ملا فوراً به کنار رودخانه رفت و به سمتی که آب می آمد سر بالائی شروع به جستجو کرد. گفتند: عجب ملا آب کسی را سربالا نمی برد لابد با جریان آب سرازیر رفته. ملا گفت: شما مادر زن مرا نمی شناسید چند سال است من با

او معاشرم همه کارش بر خلاف است یقین در رودخانه هم سربالا رفته است.

ادای تکلیف واجب است

ملا عازم مسافرت بود. دوستانش برای مسخرگی جلو راه آمدند و او را از رفتن منع کردند و گفتند چرا بی جهت به خود زحمت سفرهای مختصر را می دهی با این که ممکن است یک دفعه به سفر بزرگ یعنی سفر آخرت بروی. ما شب گذشته خواب دیده ایم که تو مرده ای و حالا برای انجام کفن و دفن تو حاضر شده ایم. ملا هر چه اصرار کرد که کار واجبی دارد آنروز را معافش دارند به جایی نرسید. به زور او را از قاطر پایین کشیدند، به تابوتی گذاشتند و به مسجد بردند.

اتفاقاً برای یکی از آنان کار فوتی پیش آمد. شخصی به عقب او آمده اصرار کرد که هر چه زودتر برای انجام کارش برود. آن شخص چون در صدد رفتن برآمد سایر دوستان یقه او را چسبیدند و گفتند تا مراسم تدفین ملا تمام نشود هیچ کس نباید از اینجا تکان بخورد. هر چه او با دوستان مشاجره و اصرار نمود به جایی نرسید. در این اثنا ملا در تابوت برخاست و نشست و گفت: بی جهت اصرار نکن کار من از تو واجب تر بود ولی چاره چیست باید مطیع تکالیف بود.

اشتباه در عسل

یکی از قضّات زمان ملا بدون گرفتن رشوه کاری صورت نمی داد و مرتباً حق را با رشوه ناحق میکردد. اتفاقاً وقتی ملا محتاج شد سندش را قاضی تصدیق کند چندین روز آمد و رفت کرد ولی نتیجه نگرفت تا این که روزی ظرفی از عسل برداشت و به خدمت قاضی رفت و با دادن عسل آن سند را به امضا رسانید و برگشت. فردای آن روز که دیگری کوزه قیماقی برای قاضی تعارف آورده بود قاضی دستور داد که عسل را بیاورند که مقداری از آن تناول کند. چون سر کوزه را باز کردند دیدند محتوی آن یک بند انگشت عسل و باقی خاک است. قاضی که از گول خوردن خود کاملاً خشمگین شده بود نوکرش را فرستاد که به هر نحو است سند را از ملا بگیرند و بیاورند. نوکر پس از تجسس زیاد ملا را یافت و گفت قاضی عرض کردند در سند شما اشتباهی رخ داده آنرا برای اصلاح نزد من بیاورید. ملا گفت: خدمت قاضی سلام برسانید و بگویید اشتباه در سند نبود در عسل بود.

حلوا

در مجلسی صحبت حلوا پیش آمد. ملا گفت: عجب مدتی است آرزوی خوردن حلوا در دل من مانده است. گفتند چرا نمی پزی گفت: هر وقت آرد حاضر می شود روغن نیست روغن که پیدا شد شکر نیست. گفتند تا به حال نشده که هر سه حاضر شود گفت: چرا آن وقت من نبوده ام.

وضوی پی در پی

وقتی مورچه زیادی در خانه ملا پیدا شد. برای هر چه خوردنی در خانه داشتند بلایی گشته بود. هر چه سعی کردند راهی برای جلوگیری از آن نیافتند. روزی ملا ظهر وضو گرفت و نماز ظهر خواند و پس از یک ساعت دوباره وضو گرفت و شروع به خواندن نماز عصر کرد. پس از تمام کردن نماز زنش پرسید سبب اینکه برای هر نماز یک وضو گرفتی چیست گفت اگر تو هم فکر دفع مورجه داشتی برای هر نماز پنج وضو می گرفتی. زن گفت: صحیح ولی با داشتن وضوی اوّلی وضوی ثانوی چه صورت دارد؟ گفت از آن خاطرت جمع باشد چیزی که بیک باد بند است فکرش نباش.

کتاب مسأله

روزی زن ملا نزد شوهر رفت و با غیظ بچه را انداخت و گفت: یک ساعت است هر چه می کنم بچه آرام نمی شود آخر فکری بکن که بچه را خواب ببرد. ملا فی الفور کتابی آورد و گفت این کتاب را بگیر و صفحه به صفحه جلو بچه بگردان خوابش خواهد برد. زن ملا با خشمی که داشت شروع به داد و فریاد نمود: که تو هیچ وقت دست از مسخره بازی بر نمی

داری حالا چه وقت شوخیست. ملا گفت: من هیچ وقت شوخی بیجا نمی کنم تو از من چاره خواب خواستی منهم آنچه بلد بودم گفتم. می خواهی گوش بده می خواهی نده. زنش پرسید: مگر این چه کتابیست که هر که نگاه کند خوابش خواهد برد. ملا گفت: اسم این کتاب مسأله است سالهاست امتحان کرده ام هر وقت در مسجد شروع به خواندن آن کرده ام پیر مردهای مسن و مردمان معقول شروع به چرت زدن کرده اند و حتی بعضی را بکلی خواب برده معلومست کتابی که پیرمردان را بخواباند تأثیرش در بچه کوچک حتمی است. زن ملا حرف او را باور کرد و کتاب را برداشت و صفحه به صفحه جلو بچه گرفت از اتفاقات بچه هم خوابش برد. تأثیر کتاب به ثبوت رسید.

عینک ملا

شبی ملا زنش را با شتاب از خواب بیدار کرد و گفت عینک مرا فوراً بیاور. زن عینک را آورد و پرسید: این وقت شب عینک می خواهی چه کنی؟ جواب داد: در خواب شیرینی بودم بعضی جاهای آن تاریک بود درست نمی دیدم خواستم عینک بزنم تا درست همه جای آن نمودار باشد.

هیچ هیچ

در زمان قضاوت ملا دو نفر نزد او آمدند و دعوایی اقامه کردند. مدعی اظهار داشت: این شخص مرا صدا کرد و گفت این بار را دوش من بگذار. پرسیدم در مقابل به من چه خواهی داد گفت: هیچ منهم زحمت کشیدم بار را به دوش او گذاشتم. حال هر چه می گویم هیچ را بده اعتنا نمی کند. ملا گفت: بسیار خوب حق داری حالا بیا این فرش را بلند کن تا من اجرتت

را بدهم. مدعی فرش را بلند کرد ملا پرسید: زیر فرش چیست؟ گفت هیچ ملا گفت: این هیچ اجرتت بود بردار.

حساب صحیح

زن ملا پس از سه ماه از ازدواج زایید. ملا گفت: می گویند زنها نه ماه حمل نگاه می دارند تو چطور سه ماهه زاییدی. زن گفت: معلوم می شود تو از حساب سررشته نداری مگر سه ماه نیست که تو مرا گرفته ای؟ گفت چرا. گفت سه ماه هم هست که من زن تو شده ام این ششماه. سه ماه هم بچه را در شکم داشته ام این نه ماه حالا دیگر به چه چیز اعتراض داری. ملا قدری فکر کرد و گفت: اگر اینطور باشد درست حساب ساخته ای.

چهار نفر در خوابگاه

ملا پس از فوت زنش، زنی بیوه گرفت و دائماً ملا از زن سابق و زن هم از شوهر سابقش تعریف می کردند. روزی ملا با زنش روی تخت خوابیده بود، هر یک تعریف جفت قبلی را می کردند. ناگاه ملا مشت محکمی به زن زد و او را از تخت به زمین انداخت. زن از این ضربت بسیار رنجید و روز بعد به پدرش شکایت کرد. پدر زن از ملا علت زدن را پرسید. ملا گفت: تقصیر از من نیست ما ۴ نفر بودیم من با زن سابقم خانم با شوهر سابقش تخت جا نبود خانم افتاد

ترشی تو می فروشی یا من

ملا بادمجان زیادی خرید، ترشی درست کرد، بار الاغ کرد و در جاهای پر جمعیت شهر برای فروش برد. چون خواست فریاد کند و متاعش را

معرفی کند الاغ پیشدستی کرد و شروع به عرعر نمود. ملا با کمال تغیر گفت: اگر تو ترشی می فروشی صدا کن و الا بگذار من کارم را بکنم.

تأثیر دعا

یک دهاتی به بیماری جرب مبتلا شد. به او توصیه کردند که دوای سولفاتو بمالد. دهاتی بزش را برداشت و پیش ملا برد و گفت: بز من جرب گرفته و گفته اند سولفاتو بمالم اما من عقیده دارم که نفس تو بهتر است دعایی بخوان و به بُز بِدَم تا خوب شود. ملا گفت: قدری سولفاتو بخر و با نفس من قاطی کن بُزت حتماً خوب می شود.

در آسمان چهارم چه می خورد؟

در آسمان چهارم چه میخورد؟

ملا برای موعظه کردن به دهی رفته بود. روزی بالای منبر وصف حضرت عیسی را می نمود که به طبقه چهارم آسمان صعود کرد. چون از منبر پایین آمد زنی جلو او را گرفت و پرسید: حضرت عیسی در آسمان چهارم از کجا می خورد و می نوشید؟ ملا گفت: عجب یک نفر از من نپرسید دو ماه است در این ولایت غربت بی کس گذران می کنی از کجا می خوری و می نوشی ولی فوراً فکر حضرت عیسی افتادند که در آسمان چه می خورد؟

تعلیم الاغ

برای حاکم الاغ بندری قشنگی تحفه آوردند. حاضرین به تعریف و توصیف آن پرداختند. ملا گفت من حاضرم سه ماهه به این الاغ کتاب خواندن بیاموزم. حاکم و حاضرین از شنیدن سخن او تعجب کردند. حاکم گفت: در صورتیکه راست بگویی و بتوانی الاغ را کتاب خواندن بیاموزی جایزه بزرگی به تو خواهم داد ولی اگر مرا مسخره کرد باشی و از عهده این کار برنیایی ترا کیفر خواهم کرد. ملا قبول کرده الاغ را برداشت، به خانه برد و سه ماه مشغول تعلیم الاغ بود. پس از سه ماه همه بزرگان شهر در محضر حاکم حاضر گشتند. ملا الاغ را آورد و کتاب در پیش او گذاشت. الاغ با زبان خود آن کتاب را ورق زد. چون به صفحه آخر رسید با حزن تمام به صورت ملا نگاهی کرد و شروع نمود به عرعر کردن کرد. حاضرین مجلس را حیرت دست داد حاکم پرسید چه کرده ای که الاغ کتاب را ورق می زند و سبب عرعرش چیست. ملا گفت: روزی که الاغ را به منزل بردم کتاب بزرگی داشتم که صفحات آن از پوست آهو ساخته

شده بود. وسط صفحات آن مقداری جو ریختم و صبر کردم الاغ کاملاً گرسنه شد. پس کتاب را جلویش گذاشتم و با دست ورق آن را باز کردم. الاغ جو را دیده خورد. پس ورق دوّم را زدم باز جو را خورد. همچنین ورقهای دیگر را می زدم و الاغ جو را می خورد تا کتاب تمام شد و تا یک ماه هر روز این کار را مکرر کردم و الاغ را گرسنه نگاه می داشتم و به وقت معیّن جو را در لای اوراق کتاب به او می خوراندم. بعد از یک ماه روزی که الاغ کاملاً گرسنه شده بود کتاب را جلو او گذاشتم. مدتی انتظار کشید لای آن را باز نکردم. خودش با زبان خود آن را باز کرده جو را خورد و صفحه اوّل که تمام شد با زبانش کتاب را ورق زد تا صفحه آخر به همین ترتیب جو را خورد و در ظرف دو ماه به قدری این مطلب تکرار شده که الاغ کاملاً آن را آموخت و به محض اینکه کتاب را جلوش می گذاردم به امید خوردن جو اوراق کتاب را می گشود. امروز هم که قریب سی ساعت است گرسنه مانده به خیال جو اوراق کتاب را گشود و تا آخر رسید. وقتی که دید جو در بین نیست عرعر کرد تا به این وسیله گرسنگی خود را به من خبر دهد. ملا که صحبت خود را به پایان رساند بعضی از حاضرین خواستند زحمت او را بی فایده جلوه دهند ولی ملا ثابت کرد که خواندن الاغ جز به وسیله عرعر میسر نیست و کتاب خواندن هم از راه باز کردن صفحات و مطالعه صورت می گیرد. حاکم ناچار بود به وعده وفا کند در عوض انعام الاغ کتاب خوان را به ملا بخشید.

جواب دندان شکن

تاجری مسافرت می کرد در بین راه شب در کاروانسرایی اقامت کرد و برای شام غذایی خواست. سرایدار مرغی پخت با سه تخم مرغ آب پز برای

او آورد. ملا غذا را خورد و از خستگی راه خوابید. بامدادان موقعی که قافله حرکت می کرد سرایدار پیدا نبود که قیمت شام را بگیرد. بعد از سه ماه که تاجر به شهر خود بر می گشت باز شبی را در کاروانسرای اوّلی بسر برد و باز هم سرایدار شامی مرکب از مرغ بریان و تخم مرغ برای او حاضر کرد. چون صبح شد تاجر سرایدار را خواست و قیمت شام در دومرتبه را از او پرسید که دین خود را بپردازد. سرایدار پس از چند دقیقه که به دقت با خود حساب کرد از او مطالبه هزار دینار نمود و مخصوصاً تذکر داد که خیلی مواظبت کرده است بی اعتدالی در حساب رخ ندهد. مبادا ذمّه اش مشغول گردد. تاجر از شنیدن هزار دینار بهای دو شام حیران شد و گفت: گمان دارم دیوانه شده ای که برای دو مرغ و شش تخم مرغ هزار دینار مطالبه می کنی. سرایدار گفت: غریب است که با انصافی که در این موضوع به خرج داده ام و نخواسته ام تعدّی در حق سرکار بنمایم. مرا دیوانه می خوانید. تاجر گفت: هزار دینار برای چه باید به شما داده شود. سرایدار گفت: دقت کنید اگر ناحساب گفتم گوش ندهید. سه ماه قبل شما در اینجا یک مرغ خوردید اگر این مرغ زنده بود در این مدت نود تخم می کرد و این تخم ها هر یک جوجه ای می شدند و آن جوجه ها هر یک مرغی میشدند و باز تخم می کردند و تخم ها جوجه می شدند و من به این حساب صاحب هزارها مرغ و جوجه بودم و همه این منافع را برای راحتی شما از دست دادم و حال که هزار دینار در عوض تمام این خسارات بانضمام شام شب گذشته شما که تا سه ماه دیگر همین اندازه باعث خسارت من است می خواهم مرا دیوانه می خوانید. جدال تاجر و سرایدار توجّه اهل قافله را جلب کرد، هر چه سعی کردند دعوا را ختم کنند میسّر نشد. بالأخره قرار شد به حضور حاکم شهر بروند و تکلیف را معلوم کنند.

پس از رسیدن به شهر و رفتن به خانه حاکم و ذکر ماوقع حاکم حق را به سرایدار داده و تاجر را محکوم به پرداخت هزار دینار نمود. دوستان تاجر به او گفتند اگر بخواهی جلو حکم حاکم را بگیری بایستی به ملانصرالدّین ملتجی شوی شاید راهی بیابد و این ضرر از تو دور نماید. تاجر هم قبول کر وه با جمعی از همراهان به خانه ملا رفتند و قضیه را شرح دادند ملا قول داد که این شر را از تاجر خواهد گردانید به شرط آنکه دویست و پنجاه دینار به فقرا بدهد. تاجر هم قبول کرد. ملا نزد حاکم رفت و با زحمت او را راضی کرد که این دعوا را تجدید نماید و قرار گذاشتند دو روز بعد تاجر و همراهان و سرایدار و ملا و قاضی همه حاضر شوند و این دعوا را قطع کنند. در روز موعود همه در دارالحکومه حاضر شدند ولی ملا در ساعت معهود نیامد. دو ساعت گذشت باز هم نیامد. ناچار حاکم مستخدم خود را به سراغش فرستاد که فوراً حاضر شود. ملا پس از یک ساعت دیگر معطل شدن بالأخره حاضر شد. حاکم با غضب تمام رو به او کرد و گفت: با آن همه تمنا و خواهشی که نمودی تا مرافعه را تجدید کنیم سبب اینکه این مردم را سه ساعت معطل کردی چیست؟ ملا گفت: دهاتیها برای بردن بذر آمده بودند چون خواستم تدبیری کنم که محصول سال بعد خوب شود و اگر خودم نبودم گندم را شلوغ می بردند سبب تأخیر شد من این مدت ایستادم تا چندین جوال گندم را جوشانده و به آنها بدهم چون گندم نجوشیده ناپاک است و محصولش خوب نمی شود. جوشیده دادم که محصولش زیاد و تمیز گردد. حاکم رو به حاضرین کرد و گفت: تقصیر از او نیست از ما است که کار خود را به دست این آدم نادان دادیم که ساعتها ما را معطل کند. برای آنکه گندم را بجوشاند و به رعایا بدهد با اینکه همه می دانند گندم جوشیده حاصلی نخواهد داد. ملا گفت جناب

حاکم با اینکه مرا نادان و خودتان را عاقل تصور می کنید از شما می پرسم چطور است که مرغ بریان شده تخم میکند و سه ماهه هزاران جوجه می دهد ولی گندم جوشیده محصول نخواهد داد؟ این جواب دندان شکن همه را متعجب کرد و حاکم ناچار حرف ملا را تصدیق کرد و حق را به تاجر داد و سرایدار را محکوم کرد.

دل کی می سوزد

ملا به خانه یکی از دوستان مهمانی رفت. صاحب خانه کره و نان و عسل برای او آورد. ملا کره را با نان و عسل خورد باقی عسل را هم با انگشت لیسید. صاحب خانه به او گفت عسل خالی نخورید که دلتان را می سوزاند. ملا در حالی که ته کاسه را می لیسید گفت: خدا می داند که دل کی را می سوزاند؟

به کسی که نسیه نباید داد

ملا در کوچه انار می فروخت. زنی او را صدا کرد تا قدری انار بخرد. ملا قیمت را گران گفت زن اعتراض کرد. ملا شروع به تعریف انار کرد. زن گفت پول نقد ندارم دفعه بعد که آمدی پول خواهم داد. ملا گفت: مانعی ندارد یک تکه از این انار بخور در صورتی که مطلوب شد پولش را بعد بده. زن گفت از دو سال قبل روزه قرض داشتم امروز روزه ام ملا گفت: تو که در ادای قرض خدا دو سال مسامحه کرده ای یقیناً در تأدیه مال خلق بیش از این تأخیر روا می داری پس نسیه دادن به تو حرام است.

لاک پشت

ملا مشغول شخم کردن زمین بود. لاک پشتی یافت، آن را به طنابی بست و به گردنش آویخت. لاک پشت دست و پا می زد. ملا گفت: برای چه تلاش می کنی مگر خیال داری شخم زدن یاد بگیری.

تسلط زن

حاکم شهر زن وجیهی داشت که کاملاً بر ملا تسلط داشت و همه کارها حتی عزل و نصب مأمورین و تنبیه و آزار مردم به مشورت او می گذشت. اهالی شهر نزد ملا جمع شدند و از او چاره جویی نمودند. ملا صبر کرد تا روزی در خانه حاکم مهمان شد. زنش را همراه برداشت و به آنجا رفت. در بین راه به زنش دستور داد چون وارد خانه حاکم شدیم پالانی که همراه آورده ایم به دوش من بگذار و سوار شو و من دور خانه می گردم. به محض ورود زن پالان را پشت ملا گذاشت و سوار شد و اتفاقاً زن حاکم از

دور این منظره را دید حاکم را خبر کرد و با هم به تماشا مشغول شدند. زن ملا او را رها کرد. ملا شیهه می کشید و جفتک می انداخت. حاکم و زنش از خنده روده بر شدند. بالأخره حاکم تاب نیاورد، به حیاط آمد و گفت: ملا چرا خود را این شکل ساخته ای؟ ملا گفت: من اختیارم را به دست زنم داده ام هر امری بکند مطیعم. حتی اگر مرا الاغ کرده سوار شود هم ممانعت نخواهم کرد. حاکم فهمید منظور ملا چیست کاملاً متنبه شد و بعدها به دستورالعمل زنش وقعی نگذاشت.

عیب به مال مسلمان

ملا رویه لحاف کهنه ای را به بازار برد که بفروشد. شخصی آنرا دید و گفت این که هیچ جای سلامت ندارد به بازار کهنه چینها ببر. ملا گفت: تو که خریدار نیستی عیب به مال مسلمان مگذار من الان این رویه را از لحاف باز کردم و تا به حال یک ذره پنبه از سوراخهای آن نیفتاده است.

مکر زن

زن ملا اغلب شبها به خانه زنان اقوام و دوستان رفته دیر به خانه می آمد. مطلعین ملا را نصیحت کردند که زنش را از مهمانی رفتن منع کند. ملا تصمیم گرفت زن را تنبیه نماید. شبی زنش بسیار دیر به خانه آمد. هر چه در زد ملا در را نگشود. بالأخره زن او را تهدید کرد که اگر در را نگشاید خود را به چاه خواهد انداخت. ملا اعتنا نکرد. زن سر چاه رفته سنگ بزرگی به چاه انداخت. ملا تصوّر کرد زن به چاه افتاد از کرده پشیمان شده با خود گفت بایستی بروم چاره ای کنم و او را بیرون بیاورم. پس در را باز کرد و به طرف چاه رفت زن که در گوشه ای پنهان شده بود داخل

خانه شد و در را بست. این دفعه نوبت ملا بود که هر چه التماس کرد زن در را باز نکرد و در آخر هم بالای بام رفت و شروع به داد و فریاد کرد که مرد حسابی خجالت نمی کشی هر شب تا نصف شب در کوچه ها میگردی مرا تنها در خانه می گذاری. از صدای زن همسایه ها بیرون آمدند و بیچاره ملا را که از خجالت سر به زیر انداخته بود دیدند و آنقدر اصرار کردند تا زن در خانه را گشوده و ملا را به درون راه داد.

بوی آرزو

ملا در خانه نشسته بود، فکر می کرد اگر یک کاسه آش موجود بود چقدر خوب بود. در این موقع در خانه را زدند. ملا رفت ببیند کیست دید بچّه همسایه است کاسه ای آورده می گوید مادرم مریض است اگر شما آش پخته اید یک کاسه به ما بدهید. ملا گفت: همسایه های ما به آرزو هم بو می برند.

زن لوچ

ملا می خواست زن بگیرد. همسایه ها از زنی آنقدر تعریف کردند که ملا ندیده عاشق شد. مخصوصاً از چشمهای شهلایش خیلی وصف کردند. بالأخره ملا تسلیم شد، او را عقد کرد. در شب عروسی خربُزه خرید و به خانه آورد. زن که لوچ بود به او اعتراض کرد که چرا اسراف کردی، دو خربُزه خریدی ملا فهمید که زن لوچ است ولی چاره نداشت. در سر سفره زن به او گفت: این شخصی که پهلوی شما نشسته کیست؟ ملا گفت: هر چه را دو تا ببینی عیب ندارد خواهش دارم من یکی را دوتا نبین.

رحمت خدا

روزی باران شدیدی می بارید. ملا پنجره خانه را باز کرده بود کوچه را می نگریست همسایه اش را دید به تندی از کوچه می گذرد. ملا صدا کرد پرسید: چرا اینطور می دوی؟ گفت مگر نمی بینی باران به چه شدتی می بارد. ملا گفت: خجالت خوب است انسان از رحمت خدا به این قسم فرار نمی کند. آن شخص ناچار با تأنی راه پیمود تا به خانه اش رسید. مثل شخص درآب افتاده تر شد. روز دیگر اتفاقاً آن شخص جلو پنجره خانه خود ایستاده کوچه را تماشا می کرد و تازه باران شروع کرده بود. ملا را دید که در کوچه دامنش را سر کشیده با کمال عجله می دود. فریاد کرد ملا مگر حرف دیروزت را فراموش کردی از رحمت خدا چرا فرار می کنی؟ ملا گفت: مرد حسابی تو می خواهی من رحمت خدا را زیر پا لگد کنم.

شتر نیست

ملا وقتی از صحرا به خانه بر می گشت در بین راه دو بچه جلو او آمدند. یکی گفت ملا این بچه گوش مرا کشید دیگری گفت دروغ می گوید خودش کشید. ملا گفت: مگر شتر بود که خودش گوش خود را بکشد.

صرفه جویی

حکاک مشهور شهر ملا برای کندن هر حرف سه دینار می گرفت بدون این که فرقی بین اشخاص بگذارد. ملا برای پسرش حسن خواست مهری بکند. نزد او رفت و گفت: برای من مُهری بکنید. حکاک گفت قاعده مرا می دانید؟ گفت بلی. پرسید به چه اسم مهر می خواهید؟ گفت خس. حکاک حروف را کند و خواست نقطه بگذارد ملا گفت خواهش دارم نقطه را در دایره سین بگذارید که قشنگ شود و به این ترتیب پول یک حرف منفعت کرد.

آدم بی سر

ملا با رفیقش به شکار رفته بودند در صحرا با گرگی تصادف کردند و او را تعقیب نمودند تا این که گرگ وارد لانه خود شد. رفیق ملا که حاضر نبود از حیوان دست بردارد سر را در لانه کرد و مدتی باقیماند. ملا جلو رفت تنه او را گرفته از لانه خارج کرده دید سر در بدن ندارد. با کمال تعجّب به شهر برگشت به خانه رفیقش رفت و از زن او پرسید: امروز وقتی که شوهرت از خانه خارج شد سرش روی بدنش بود یا نه؟

سنگ مهر شده

ملا در صحرا به شخم کردن زمین مشغول بود ناگاه سر گاو آهن به چیزی خورد. ملا آن محل را حفر کرده صندوق کوچکی یافت. چون سر آنرا گشود دید پر از سکه های طلاست با خود اندیشید: این صندوق از صحرا پیدا شده و ملک عموم است بایستی به حاکم تسلیم شود. پس به منزل رفت و موضوع را برای زنش تعریف کرد و گفت: صندوق را میان توبره بگذار تا نزد حاکم برم. زن که مکابره با ملا را مصلحت ندید صندوق را در محلی پنهان کرد و سنگ بزرگی به جای آن در توبره گذاشت. ملا آنرا برداشت یکسر به خانه حاکم رفت و در دارالحکومه بزرگان شهر جمع بودند که غفلتاً ملا وارد شد و بدون مقدمه توبره را خالی کرد سنگ بزرگی از میان آن بیرون آمد و بر زمین غلطید. ملا از دیدن آن تعجّب کرد ولی خود را نباخت و گفت: حضرت حکمران کسبه این شهر چون سنگ معینی که دارای مُهر حکومت باشد، نیست، غالباً کم فروشی می کنند. من امروز این سنگ را به خدمت آورده ام که مُهر فرموده محک قرار دهی برای اصناف که کم نفروشند.

بز مقتول

برّه قشنگ ملا خیلی طرف توجّه او بود. رفقایش مکرر به او پیشنهاد کردند که آن را بکشد و آنها را مهمان کند. قبول نکرد. آخر هم روزی یکی از دوستان برّه مزبور را دزدید و با رفقا به باغی بردند کشتند و خوردند. ملا از این پیشامد خیلی ملول شد و برای گرفتن انتقام آنقدر مترصّد شد تا بزه شخصی که بره اش را برده بود ربود، کشت و به خانه آورد. صاحب بزه که می دانست ملا برای انتقام بزه او را کشته هر جا به

ملا می‌رسید شرحی از اوصاف بُزه اش (که چقدر گوشت خوبی داشته پشم آن مانند حریر سفید و قشنگ بوده) بیان می‌کرد. ملا پس از چند دفعه که مکرر این اوصاف را شنید روزی به پسرش گفت: برو پوست این بزه را بیاور تا مردم چاقی و سفیدی و قشنگی پشم او را ببینند و ما هم از شنیدن این صحبت خلاص شویم.

مرغ متفکر

ملا از بازار می‌گذشت جمعی را دید که دور مرغ کوچکی به اندازه کبوتر جمع شده‌اند و برای خرید آن اصرار دارند به طوری که قیمت مرغ به ۱۲ سکه طلا رسیده. ملا با خود گفت: لابد این روزها بهای مرغ خیلی ترقی کرده که این مرغ کوچک را ۱۲ سکه طلا می‌خرند. پس بوقلمون من که به قدر یک بره جثه دارد لابد پنجاه سکه فروش خواهد رفت و رفع

بسیاری از حوایج پولی مرا خواهد کرد. در حال به منزل رفت و قضیه را برای زنش تعریف کرد. زن ملا که به بوقلمون علاقه وافری داشت بالأخره به این ترتیب قانع شد که چند سکه از پول بوقلمون صرف مایلزم او شود و رضا داد پس با هزار زحمت بوقلمون پیر را در بغل گرفت و به بازار برد و خود را داخل دلالان کرد و بوقلمون را برای فروش عرضه داشت. دلالها مرغ را به دوازده سکه نقره قیمت کردند ملا بی اندازه غضبناک شد و گفت: عجب مردمان نادان و بی انصافی هستید مرغ به این خوش خط و خالی و بزرگی را به دوازده سکه نقره قیمت می کنید در حالی که ساعتی پیش مرغ کوچکی که به اندازه یک کبوتر بود دوازده سکه طلا قیمت می نمودید. گفتند آخر آن طوطی بود که خیلی کمیاب است نه مرغ معمولی. ملا گفت: هنر آن طوطی چه بود که این قدر قیمت دارد؟ گفتند طوطی می تواند یک ساعت مثل آدم حرف بزند ملا برگشت نگاهی به بوقلمون که در بغلش به خواب رفته بود کرد و گفت: اگر طوطی شما یک ساعت حرف می زد بوقلمون من دو ساعت فکر می کند.

اولیاء را کِبری نیست

از ملا پرسیدند چطور می توانی ثابت کنی که از اولیاء هستی. جواب داد: به هر درخت یا هر سنگ اشاره کنم نزد من می آید. اتفاقاً درخت چناری در مقابل بود گفتند: ممکن است به این درخت اشاره کنی که جلو بیاید. ملا سه مرتبه با لحن مخصوص گفت: بیا ای مبارک ولی حتی یک برگ هم از درخت جلو او نیفتاد. پس با کمال طمأنینه ملا جلو درخت رفت. گفتند: درخت را خواستی نیامد خودت چرا رفتی جواب داد: چون اولیا را کِبری نیست درخت پیش من نیامد من پیش او می روم

چاپار

یکی از همسایه های ملا زنی گرفت پس از سه ماه زنش زایید. ملا را دعوت کردند و از او پرسیدند: اسم بچه را چه بگذاریم ملا گفت: چاپار. گفتند برای چه؟ گفت: چون او راه نه ماهه را سه ماهه طی کرده برازنده این اسم است.

وزن گربه

ملا مهمانی داشت. یک من گوشت خرید و به زنش داد که برای شب کباب کند. زن همسایه ها و دوستان را ناهار به کباب دعوت کرد و گوشت را به خورد آنها داد. شب که ملا با مهمانانش به خانه آمد زن گفت می خواستم آتش روشن کنم کباب درست کنم گوشت را گربه برد برو دوباره گوشت بخر که مهمانانت بی شام نمانند. ملا غضبناک شد و به زحمت زیاد گربه را تعقیب کرد، آنرا گرفت و کشید وزن او کمتر از یک من بود پس به زنش گفت: اگر یک من گوشت را این گربه می خورد بایستی حالا اقلاً وزن او دو من می شد نه از یک من هم کمتر.

زن زشت

همسایه ها ملا را گول زدند و زن زشتی به او تحمیل کردند. بعد از عروسی که ملا خواست از خانه زودتر خارج شود زنش گفت: خوب بود به من یاد می دادی که هر یک از اقربا و آشنایانت را چه قسم احترام کنم و دوست بدارم. ملا گفت: سعی کن از من بدت بیاید باقی را خود دانی هر که را می خواهی دوست داشته باش.

مهمانی رفتن ملا

در ماه رمضان ملا در خانه یکی از اعیان به افطار دعوت داشت. پس از مدتی که با صاحب خانه در باغ قدم زد و کاملا ضعف بر او مستولی شد نزدیک افطار وارد اتاق گشتند. چشم ملا از دور به سفره رنگینی افتاد که بوی آن حال او را منقلب ساخت. دلمه، بریان، باقلوا، پلو و انواع اطعمه لذیذه در سفره بود. چون بر سر سفره نشستند و چهار نفر مهمان دیگر هم وارد شدند صاحب خانه بشقاب دلمه را که بوی عطر آن اتاق را معطر کرده بود جلو کشیده لقمه ای از آن برداشت و در حال خدمتکار را صدا کرد و گفت: احمقها مگر به شما نسپردم که هیچ وقت به دلمه ادویه نزنید که خراب شده آبروی مرا نزد مهمانان ببرد. بیا این دلمه را از سفره بردار. ملا که دلمه را از کف رفته دید آهی کشیده صدایش در نیامد. بعد صاحب

خانه ظرف بریان را جلو کشید لقمه ای از آن برداشت باز خدمتکار را طلبید و گفت: چرا به بریان ترشی زدید شما با من و آبروی من دشمنید؟ بردار اینرا از اینجا ببر. ملا تا نزدیک در با چشم بریان را بدرقه کرد و حرفی نزد این دفعه نوبت باقلوا بود که صاحب خانه تکه ای از آن خورد و خدمتکار را خواست و مقداری داد و قال کرد که چرا هنوز غذا خورده نشده باقلوا آوردید و دستور بردن آن را داد. ملای گرسنه که مشاهده کرد غذاهای لذیذ یکی یکی از سفره خارج می شود دیگر طاقت نیاورد، ظرف پلو را پیش کشید و با کمال عجله شروع به خوردن کرد. صاحب خانه گفت: خوب بود صبر می کردید غذاهای مقدم تر از پلو بود که باید خورده شود. ملا گفت عجالتاً تا شما مجازات آشپز و غذاها را معین کنید من با رفیق قدیمی خود تجدید عهدی میکنم و بعد خدمت باقی می رسم. این حرف حاضرین را به خنده انداخت و صاحب خانه که منظورش شوخی با ملا بود دستور داد سایر غذاها را به سفره برگرداندند.

جواب کافی

یکی از سیاحان ادّعا می کرد که هیچ کس نیست سئوالات مرموز مرا جواب گوید. چندین نفر از دانشمندان حاضر شدند ولی از عهده برنیامدند. امیر خشمگین شد، به وزیر و دانشمندان گفت: اگر جواب این سیاح داده نشود اموال کلیه شما را به او خواهم داد. یکی گفت: به گمان من ملا می تواند جواب او را بدهد. امیر امر به احضار ملا داد چون حاضر شد و از ماوقع مطلع گردید گفت: جواب دادن به او کار سهلی است من حاضر هستم. به سیاح گفتند هر چه می خواهی بپرس. سیاح با عصای خود دایره ای روی زمین کشید به روی ملا نگاه کرد. ملا بی معطلی خطی وسط دایره

کشید، آنرا به دو قسمت کرد. سیاح دایره دیگری کشید. ملا این دفعه دایره مزبور را چهار قسمت کرد و با دست خود یک سهم را به سیاح اشاره کرد و سه سهم دیگر را به طرف خود اشاره نمود. سیاح نگاه تحسین آمیزی کرد، پشت دستش را بر زمین گذاشت و انگشت را به طرف آسمان گرفت. ملا هم عکس آن نمود. یعنی انگشتها را بر زمین گذاشته پشت دست را رو به هوا کرد. سیاح بی اندازه ملا را تحسین نمود و به امیر گفت: از داشتن چنین مرد دانشمندی بایستی خیلی به خود ببالید. امیر پرسید: مقصود از سئوالات را بیان کن. سیاح گفت: من دایره اول که کشیدم مقصودم نشان دادن کره زمین بود. ملا در حال آنرا به دو قسمت کرد و فهمانید که به کرویّت زمین معتقد است و رموز آنرا می داند و با آن خط استوا کشید و زمین را به دو نیمکره شمالی و جنوبی تقسیم کرد. دفعه دوّم که دایره کشیدم و آنرا به چهار قسمت نمود، خواست بفهماند که سه قسمت زمین آب و یک قسمت خاک است. بعد من با انگشتان خود نباتات و رستنیها را نشان دادم و اسرار نمو آن را پرسیدم او هم با دست خود باران و اشعه آفتاب را نشان داد که به وسیله آنها نباتات نمو می کنند و حقیقتاً باید ملا را بحرالعلوم نام گذاشت. امیر را از حاضر جوابی ملا خوش آمده او را به دادن انعام و هدایا خورسند نمود.

پس از رفتن سیاح از ملا مقصود او را پرسیدند گفت: با دست خود عکس زمین را کشید من نصف کردم جرئت نکرد نصفش را ادعا کند دوباره کشید من چهار قسمت کردم. سه قسمت را خود برداشتم یکی را هم به او تعارف کردم. بعد او با دست خود اشاره کرد که چون خیلی گرسنه هستم اگر الان اینجا پلو باشد می خورم. من در جوابش گفتم اگر

دور آن کشمش و خرما و پسته باشد بهتر است. از شنیدن حرف ملا حاضرین مدتی خندیدند و به ذکاوت او آفرین خواندند.

ماهی در انگشت

ملا با یکی از دوستان کنار استخر گردش می کردند در استخر ماهی زیاد بود. رفیق ملا با انگشت یک ماهی نشان داد و گفت: نگاه کن این ماهی ها چقدر قشنگ هستند. ملا انگشتهای او را نگاه کرد. آن شخص گفت: من به تو می گویم ماهی ها را نگاه کن تو انگشت مرا نگاه می کنی. ملا گفت تو انگشتت را نشان دادی و گفتی این ماهی ها را نگاه کن من هر چه نگاه کردم ماهی در انگشت ندیدم.

جزای پیشکی

ملا کوزه ای دست دخترش داد و سیلی سختی هم به صورت او زد و گفت: به سر چشمه برو آب بیاور. دخترک گریه کنان از پیش او خارج شد. پرسیدند علت این که این دختر بیگناه را علاوه بر این که به کار سخت وامیداری بی جهت زدی چه بود؟ گفت او را زدم که کوزه را نشکند و اگر بعد از شکستن او را تنبه کنم فایده ای ندارد و برای من کوزه نمی شود.

دعای جوان

در همسایگی ملا زن بی حیایی بود که همیشه داد و بیداد او ملا را اذیت می کرد. روزی نزد ملا آمد و گفت: ای ملا برای دختر من دعایی بنویس یا علاجی بکن که زیاد بد خلقی نکند و با من مرافعه نداشته باشد. علاوه بر

این می ترسم خودش را صدمه بزند. ملا گفت در باره دختر شما دعای پیرمرد تأثیر ندارد بلکه دعای جوان ۲۵ ساله لازم است.

بلدرچین زنده شده

ملا چند بلدرچین در صحرا صید کرد و به منزل برد. آنها را سرخ کرد و زیر سبد گذاشت و در خانه را بست و برای آوردن چند نفر از دوستان که می خواست به آنان ضیافت بدهد رفت. همسایه ملا اتفاقاً چند بلدرچین زنده خریده بود که کباب کند. موقع را مناسب دیده بلدرچین ها را به خانه ملا آورد زیر سبد گذاشت و بلدرچین های سرخ شده را برداشت و برد. ملا وقتی با دوستان به خانه آمد برای آوردن غذا سبد را برداشت ولی فوراً بلدرچین ها پریدند و از اتاق خارج شدند. ملا تعجب کرد و گفت: خداوندا من حرف ندارم که بخواهی دوباره به این حیوان ها روح بدهی ولی تکلیف روغن و نمک مرا هم خوب بود معلوم می کردی.

فکری بکن

ملا در خواب دید که زنهای همسایه جمع شده به زور می خواهند زن جوانی به او بدهند و او ناز می کند. از خواب پرید و از زنان همسایه اثری ندید. در عوض زنش را دید که پهلویش خوابیده. پس با عجله تمام او را از خواب بیدار کرد و گفت: زود بیدار شو، بی تعصب نمی بینی زنان همسایه به زور می‌خواهند به من زن به این خوشگلی بدهند. تو اگر راضی نیستی هر اقدامی داری بکن والا بعدها از من حق گله نداری.

خفه کردن کلاه

ملا به خانه ای دعوت داشت. پس از خوردن غذا که خواست بخوابد بالای سر خود شبکلاه بزرگ و گشادی دید و برای آنکه راحت به سر گذارد با دستمال وسط آنرا بست وبر سر گذاشت. صبح که صاحب خانه او را به آن حال دید گفت: ملا این چه وضعست؟ شبکلاه را خفه کردی. ملا گفت: اگر من او را خفه نمی کردم او مرا خفه می کرد.

جبّه قاضی

ملا با نوکرش عباد برای گردش به باغهای خارج شهر رفت در باغی قاضی را دیدند مست و بیهوش در طرفی افتاده و کلاه و جبّه را به سمتی افکنده. ملا جبّه قاضی را برداشت بر تن کرده رفت. چون قاضی به هوش آمد و جبّه را ندید به نوکرش سپرد که جبّه را در تن هر که ببیند به

دارالقضا حاضرش نماید. اتفاقاً نوکر در بازار چشمش به ملا افتاد که جبّه را پوشیده و روان است. جلو او را گرفت و گفت باید به محضر قاضی حاضر شوی ملا بی چون و چرا راه افتاد و چون به محضر رسیدند گفت: دیروز با عماد برای گردش بیرون شهر رفته بودم. مستی را دیدم که بیهوش افتاده جبّه او را برداشتم و پوشیدم. شاهد هم دارم. اگر مست را پیدا کردید مرا بخواهید تا جبّه را پس دهم. قاضی گفت: من نمی دانم کدام احمق بوده. جبّه پیش شما باشد اگر مدعی پیدا کرد خبرت می کنم.

باید به کتاب مراجعه کنم

در زمان قضاوت ملا شخصی نزد او آمد و گفت: سئوالی دارم و جواب او را برای رضای خدا می خواهم مطابق واقع بدهید. ملا گفت: بپرس. گفت: گاو نر شما اگر به ماده گاو ما شاخ بزند و بچّه اش را در شکمش تلف نماید تکلیف چیست و چه باید کرد؟ ملا گفت: حیوان را که نمی شود محاکمه کرد به علاوه این کار تصادفی شده و جزایی به صاحب آن تعلّق نمی گیرد. سائل گفت: بسیار خوب اما در هنگام طرح مسئله اشتباهی رخ داد و صحیح آن این بود که گاو نر ما به ماده گاو شما شاخ زده ملا گفت: باید اجازه بدهید به کتاب ضخیمی که روی رف است مراجعه کنم جواب شما را به دقت از روی مواضیع شرع عرض کنم.

مغز ملا

از ملا پرسیدند مغز سرت کجا است. ملا در پشت سر عقده حیاتیه را نشان داد. گفتند اینجا درست نقطه مقابل و ضد مغز است که نشان می دهی. گفت: تا ضد آنرا نشان ندهم اصلش معلوم نمی شود.

به سلیقه مردم

ملا خانه می ساخت دوستانش همه روزه برای او معماری می کردند و او هم برای آنکه آنها را نرنجاند هر قسمت را برای یکی ساخت. پس از اتمام ساختمان بسیار ناجور وزشت شد. روزی دوستان را دعوت کرد و رأی آنها را در باب خانه پرسید هر یک قسمتی را انتقاد کردند به طوری که هیچ جای آن خالی از نقص نبود. ملا گفت دعا کنید این خانه خراب شود برای من هم پولی برسد تا دیگر به حرف شما گوش ندهم و به سلیقه خودم خانه بسازم.

نصیحت ملا

ملا دخترش را به یک دهاتی شوهر داد. شب عروسی جمعی از ده آمدند و دختر را بردند. مسافتی که از شهر دور شدند ملا با عجله خود را به آنها رسانید. پرسیدند: چه می خواهی که به این عجله آمده ای گفت: نصیحتی باید به دختر کرده باشم یادم رفته آمدم که ادای وظیفه نمایم. پس نزدیک دختر رفت، سر بگوشش گذاشت و گفت: دختر عزیزم هر موقع خواستی چیزی بدوزی فراموش مکن اوّل سر نخ را گره بزن والا از سوزن بیرون می رود.

رسم هر شهر

مهمانی به خانه ملا آمد پس از صرف شام مهمان گفت: در شهر ما رسم است که بعد از شام انگور می خورند. ملا گفت این عادت در شهر ما خیلی ناپسند است.

شاهین ملا

ملا از کوچه ای می گذشت دو کودک را دید که بر سر کلاغی با هم نزاع می کردند و هر یک از آنها یک بال کلاغ را گرفته به سوی خود می کشید و نزدیک بود حیوان را دو پاره نمایند. ملا جلو رفت بچّه ها را ملامت کرد و گفت: در میان کوچه زشت است با همدیگر دعوا کردن. علاوه این مرغ زبان بسته چه گناه دارد که اینطور او را عذاب می دهید. بچّه ها از میانه افتادن او شاد شدند و گفتند شما به حرف ما گوش بدهید و رسیدگی کنید هر چه بگویید قبول داریم. اولی گفت: من ابتدا چشمم به کلاغ افتاد و این را به دوش گرفتم تا مرغ را گرفت. دیگری گفت: درست است من سوار دوش او شدم ولی گرفتن مرغ کار آسانی نبود. اگر دیگری جای من بود نمی توانست آنرا بگیرد حالا زحمت کشیده ام مرغ مال خودم است. ملا گفت: گوشت این کلاغ که خوردنی نیست تا آنرا

بکشم و میانتان قسمت کنم. اگر کمی دیگر او را می کشیدید می مرد و چیزی به شما عاید نمی شد. ولی برای این که هر دو شما از زحمت خودتان بی نصیب نباشید من آنرا از شما می خرم و به هر یک از آنها یک درهم داد. آنها هم دررهم را گرفتند و با کمال شادی به راه افتادند. ملا هم کلاغ را آزاد کرد ولی مرغ بیچاره از بس رنج کشیده بود نتوانست خود را به سر درخت برساند در حال پریده در میان دو شاخ گاوی که در مزرعه نزدیک آنجا مشغول چریدن بود نشست. ملا از دیدن این واقعه شاد شده گفت: بارک‌الله شاهین عزیز من شکار خوبی به دست آوردی و بلافاصله رفت، کلاغ را گرفت و گاو را هم پیش انداخت و به خانه برد. صاحب گاو چون غروب برای بردن گاو آمد آنرا نیافت جستجو کرده فهمید که ملا آن را برده. پس درب خانه ملا آمد و با غضب تمام گفت: علّت این که گاو مردم را به خانه ات می بری چیست؟ ملا با خونسردی تمام جواب داد مقصود شما را نفهمیدم مگر نمی دانید شکار همه جا آزاد و حلال است. امروز شاهین من رفت روی سر گاوی نشست و در حقیقت آنرا شکار کرد در این صورت گاو مال حلال من شد. منهم آنرا تصاحب کردم تو اگر شکایتی داری برو به قاضی رجوع کن. آن شخص که اصرار به ملا را بی فایده دید نزد قاضی رفت، موضوع را بیان نمود قاضی فوراً ملا را خواست. ملا پس از ورود و رد تعارفات به قاضی فهمانید که در صورتی دعوا له او تمام شود چند کوزه روغن اعلا برای او خواهد فرستاد. قاضی رشوه خوار از شنیدن این حرف به طمع افتاد، دعوا را طوری تلقی کرد که حق به سوی ملا باشد و به طرف او گفت: با این بیان ملا ادعای شما موردی ندارد و گاو حقاً متعلق به اوست. صاحب گاو مأیوس شد و از نزد قاضی خارج شد و ملا هم به خانه رفت چند کوزه به خانه قاضی فرستاد.

اتفاقاً شب قاضی مهمان داشت. دستور داد از روغن تازه شام بپزند ولی پس از باز کردن سر کوزه ها آنها را مملـو از گـل و لای و لجـن و کثافـات دیدند. قاضی که مسبوق شد فورا ملا را احـضار کـرد و گفـت چـرا مـرا مسخره کردی؟ ملا گفت: شما که شـرع و قـانون و انـسانیت را مـسخره کردی و حق ثابت و مال معلوم شخصی را بدون هیچ عـذر یـا راهـی بـی جهت به من واگذار کردید لیاقتتان همین روغن بود. قاضی از او خـواهش کرد که این مطلب را ندیده بگیرد. ملا هم عقب صاحب گاو فرستاده گاو او را رد کرد و به او گفت: خواستم بدانی قاضی شهر مـا چگونـه دیـن و انسانیت را مراعات می کند.

تجربه نشده بود

حاکم شهر از ندمای خود خواست هر کدام پختن هر گونه خوراکی بلـد هستند موضوع را برای او بنویسند تا جمـع آوری کنـد و کتـاب طبخـی ترتیب دهد که همه را به کار آید. هر کس هر چه می دانـست نوشـت و آورد. نوبت به ملا که رسید گفت: من غذای خوبی اختراع کـرده ام و آن این است که عسل و سیر را مخلوط کتند و بپزند. حاکم که اختراع مـلا را شنید او را برای خوردن صبحانه دعوت کـرده و بـه جـای لقمـهٔ الـصباح مقداری عسل و سیر پخته جلو او گذاشـت. مـلا لقمـه ای از آن خـورد و منقلب شد و از خوردن دست کشید. حاکم پرسید: مگـر نـه ایـن غـذا را خودت اختراع کرده ای چرا نمی خوری؟ ملا گفـت: درسـت اسـت کـه اختراع کرده ام ولی هنوز آنرا تجربه نکرده بودم.

خوراک به شرکت

ملا با رفیقش یک کاسه ماست به شرکت خریدند. هنگامی که خواستند ناهار بخورند رفیق ملا خطی وسط ماست کشید و گفت: من می خواهم سهم خود را با شکر مخلوط کنم. ملا گفت: ماست مایع است و به هر جهت شکر به حصه منهم خواهد رسید خوبست شکر را با ماست مخلوط سازی تا هر دو بخوریم. آن شخص گفت: شکر کم است و دو نفری را کفایت نمی کند. ملا متغیر شد و شیشه روغن زیتون را از نزدیکش برداشت و میان ماست ریخت. رفیقش دست ملا را گرفت و گفت: دیوانه کی تا به حال میان ماست روغن ریخته؟ ملا گفت: در حصه خودم آزادم تو دخالت نکن.

مرد راستگو

ملا وارد شهری شد. مردی جلو او آمد و گفت: سالهاست شهرت بزرگواری شما را از دور شنیده ام و مشتاق زیارتتان بودم خیلی خوشحالم که امروز نعمت دیدارتان مرا میسّر شد آرزو دارم که در خدمتتان نان و نمکی صرف کنم. ملا با کمال میل دعوت او را پذیرفت و به خانه او رفت. در سر سفره مقداری نان و نمک گذاشتند و او هم ناچار بدون اعتراض خورد. در این اثنا گدایی به در خانه آن شخص آمد و چیزی خواست. صاحب خانه گفت: ببخش در خانه چیزی نداریم. گدا ابرام کرد. صاحب خانه گفت برو والا می آیم با کتک ردت می کنم. ملا گفت: عمو صاحب این خانه هر چه بگوید خلاف ندارد اگر از من می شنوی به خانه کسی برو که به قدر او راستگو و خوش تعارف نباشد.

وصول طلب

ملا از پنجره خانه کوچه را نگاه می کرد. از دور دید طلبکارش می آید چون مقصود او را می دانست زنش را خواست و دستور داد که چگونه جواب او را بدهد. چون در خانه را زدند زن ملا رفت، در را گشود و به آن شخص گفت: آقا می دانم پول شما خیلی نزد ما مانده و پرداخت آن دیر شده اگرچه حالا ملا خانه نیست ولی خاطر جمع باشید ما پول کسی را تا حال نخورده ایم پول شما را هم نخواهیم خورد مخصوصاً در تقلا هستیم که پول را حاضر کنیم و تأدیه کنیم. ملا مخصوصاً به من سپرده گوسفندها که از جلو خانه مان می گذرند مقداری از پشم آنها که بر زمین می افتد جمع کنم تا وقتی که زیاد شود آنرا تاب بدهیم، شال تهیه کنیم و بفروشیم و از پول آن طلب شما را بدهیم. آن شخص را از شنیدن این طرز جواب و

دانستن این که طلبش هرگز وصول نمی شود خنده اش گرفت و به صدی بلند خندید.

ملا که پشت سر زنش ایستاده حرف او را گوش می داد خنده طلبکار را که دید نتوانست از خنده خودداری کند. خندیده جلو آمد و گفت: آفرین رفیق حالا که وصول طلبت را یقین کردی البته باید بخندی.

پنج انگشتی

شخصی ملا را دید که با اشتهای تمام غذا می خورد گفت: چرا با پنج انگشت غذا می خوری؟ جواب داد: زیرا شش انگشت ندارم.

بیکسی

زن ملا مریض شد و در بستر افتاد. ملا هر روز عصر که به خانه می آمد چند ساعت بر بالین او گریه می کرد. روزی همسایه اش به او دلداری داد و گفت: ملا این قدر بیقراری مکن حال زنت رو به بهبودی است و شاید تا چند روز دیگر راه افتد غصه خوردن تو چه ثمر دارد. ملا گفت: چون زن بیچاره من کسی را ندارد برای آنکه فردا نگوید «کسی را نداشتم که برای من گریه کند» از حالا گریه می کنم.

دلو چاه

در اثنایی که ملا از چاه آب می کشید طناب پاره شده دلو به چاه افتاد. ملا مدتی بر سر چاه نشست عابری پرسید: منتظر چه هستی؟ گفت: دلوم به چاه افتاده منتظرم تا بیرون آمد یخه اش را بگیرم طناب پیچش کنم.

خانه تازه ساز

همسایه ملا عمارت نوی ساخت و ملا را دعوت کرد و از پهلوی در شروع کرد یکی یکی اتاقها و زیرزمین و صحن و آشپزخانه و آب انبار و غیره را به او نشان داد و آنقدر ملا را گردانید تا خسته شد ولی از غذا و ناهار در آنجا اثری نبود. بالأخره چون جلو در رسیدند ملا دفتری از جیبش بیرون آورد، چند خط روی صفحه آن کشید. همسایه پرسید چه می نویسید: گفت نقشه این خانه را می کشم. همسایه گفت لابد مورد پسند واقع شده و می خواهید از آن تقلید کنید. گفت: برعکس می خواهم به دوستانم توصیه کنم که هر وقت خانه ای می سازند سعی کنند واردین با شکم معمور و شاکر از آنجا خارج شوند و به هیچ وجه به اتاق پهن و دراز و خالی اهمیت ندهند.

صدای کمانچه

شبی دیر وقت ملا با نوکرش عماد از مهمانی بر می گشتند. در اثنای راه چند نفر دزد را دیدند که دکانی را گشوده اند و می خواهند اثاث آنرا به یغما برند. ملا فکر کرد که طرفیت با آنها بی صرفه است و به ضرر خودش تمام می شود. اعتنا نکرد و در رفتن شتاب کرد. نوکرش که شتاب ملا را دید دویده به او رسید و گفت: صدای خش و خش را ملتفت نشدید چه بود؟ ملا گفت: جمعی مشغول کمانچه زدن بودند. گفت: پس چرا صدایش نمی آمد. گفت: صدای این قسم کمانچه همیشه چند ساعت بعد شنیده می شود.

برنده شرط

دوستان ملا در مکانی اجتماع کرده بودند و سر موضوعی شرط می بستند ملا خود را داخل نمود. بالأخره شرطی بین او و رفقا بسته شد که در صورتی که ملا شب زمستان را بدون آتش و بالا پوش در میدان شهر به روز آورد مجمع دوستان مهمانی مفصلی به او بدهند و در صورتی که بی طاقت شد و آتش طلبید او بایستی مهمانی به آنها بدهد. یکی از رفقا پس از بستن شرط به ملا گفت: چون از این شب سلامت نخواهی جست وصیّت خود را بکن. ملا بدون اعتنا با خونسردی گفت او را تلقی کرد و اوّل غروب به میدان گاه رفت و صبح روز بعد از آنجا خارج شد و نزد دوستان حاضر شد. دوستان همگی متعجب شدند و از او پرسیدند شب بر تو چگونه گذشت؟ ملا گفت: سرما و تاریکی بود و دیگر هیچ و از مسافت یک میل روشنی چراغی هم نمایان بود. رفقا که عقب بهانه می

گشتند همه یک زبان گفتند: دیدی شرط را باختی معلوم است از چراغ مزبور گرم شده ای بایستی مهمانی بدهی. ملا که حاضرین را سمج یافت ناچار قبول کرد شبی تمام دوستان را به خانه دعوت کرد که به آنها سور مفصّلی بدهد. پس از این که همه حاضر شدند ساعتها به انتظار شام گذراندند خبری نشد. از ملا پرسیدند شام کی خواهی داد؟ ملا برخاست و گفت: بروم اگر پخته باشد بیاورم و از اتاق خارج شد دو ساعت دیگر هم همه را به انتظار گذاشت. مهمانها از گرسنگی بی طاقت شدند و به سراغ ملا از اتاق خارج شدند و پس از تفحّص بسیار او را دیدند به شاخه درخت کهن سالی زنجیری آویخته و دیگ بزرگی را به آن بسته و زیر دیگ شمع کوچکی روشن کرده و پای آن ایستاده پرسیدند: ملا چرا ما را معطل گذاشتی؟ گفت: من از سر شب در این دیگ برنج ریخته ام و انتظار دارم بپزد برای شما بیاورم. گفتند: از گرمی نور یک شمع دیگ به این بزرگی جوش نخواهد آمد گفت: در جایی که از نور چراغ به مسافت یک میل انسان گرم شود چطور نور یک شمع دیگی را به جوش نخواهد آورد؟ حاضرین از این جواب محکوم شدند و با حالت گرسنگی متفرق گشتند و برای خوشنودی ملا شام مفصلی هم تهیه نموده او را ضیافت کردند.

نمی دانم

مردی جدلی سالها رنج کشید و جمله های بی سر و تهی به هم بست و به هر کس می رسید سئوال های عجیب و غریب خود را تکرار میکرد و به خیال خود طرف را مجاب می کرد. روزی نزد ملا آمد و گفت: من چهل سئوال از شما خواهم کرد اگر در یک جمله جواب همه را بدهید مبلغی خواهم پرداخت. ملا گفت: اوّل آن مبلغ را نزد یک نفر معتمد بگذار بعد

سئوال کن. آن شخص مبلغ معهود را نزد یکی از دوستان ملا گذاشت و شروع کرد به سئوال از زمین و هوا و آسمان و ریسمان و غیره که ابداً ربطی به یکدیگر نداشت. ملا کاملاً ساکت بود تا حرف طرف تمام شد. پس گفت: جواب همه سئوال های شما را در سه کلمه خواهم داد «هیچ یک را نمی دانم» طرف که میل داشت مدتی با او جدل کند با کمال بوری از نزد ملا خارج شد و ملا هم مبلغ مأخوذه را با دوستان صرف کرد.

رسم این شهر

امیری به شهر ملا گردش آمده بود. در مجلس مهمانی که به افتخار او داده بودند گیلاسی شربت خورد و عطسه کرد. یکی از حضار به جای عافیت باشد اشتباه کرده گفت: مرحبا! امیر تصوّر کرد او را دست انداخته اند متغیر شد. ملا رو به امیر کرد و گفت: گویا امیر متذکر نباشند که عادت شهر ما این است که پس از عطسه مرحبا می گویند و مانند شما عافیت باشد نمی گویند.

پنبه لحاف

در شب سردی که برف تندی از آسمان می بارید زن ملا گفت: در این سرمای زمستان خجالت نمی کشی که با یک لحاف به سر بریم و از سرما بلرزیم چرا فکر لحاف دیگر نمی کنی؟ اصلاً تو ابداً فکر خودت نیستی و هر چه پیدا می کنی آنقدر هست که دیگران از چنگت برباینـد و این قـدر از این غُرغّرها کرد که ملا را عصبانی نمود به طوری که برخاست و گفت الان برای تو آنقدر پنبه بیاورم که دیگر از بی لحافی شکایت نکنـی و از اتاق بیرون رفت. زن از پنجره نگاه کرد دید ملا برفها را با پارو در نقطه

ای جمع می نماید. فریاد زد: مرد حسابی این چه وقت برف روبی است مگر می خواهی ناخوش شوی. ملا گفت: مگر پنبه نخواستی؟ گفت: شاید عقلت کم شده برف را که به جای پنبه استعمال نمی کنند. ملا گفت: اشتباه نکن این برف از پنبه گرم تر و نرم تر و برای رواندازه مناسبتر است. به دلیل آنکه پدران و اجداد ما سالهاست زیر آن خفته اند و شکایتی هم ندارند.

هم اسمی

زن ملا پسری زایید. در شب ششم که جمعی از خویشان و همسایگان برای اسم گذاری در خانه ملا دعوت داشتند. به ملا گفتند اسم او را چه خواهی گذاشت؟ گفت: اسم زنم را روی او می گذارم. گفتند رسم نیست اسم زن را روی پسر بگذارند. گفت من این قدر زنم را دوست دارم که می خواهم بعد از مردنش هر وقت پسرم را صدا کنم به یاد او بیافتم.

کار عمامه

ارمنی بی سوادی نزد ملا آمد و کاغذی به خط ارمنی به او داد که برایش بخواند. ملا گفت: بلد نیستم. ارمنی نگاهی به سراپای او کرد و با تعجب گفت: پس اگر نمی توانی بخوانی عمامه به این بزرگی سرت گذاشته ای چه کنی. ملا در حال عمامه را برداشت و بر سر ارمنی گذاشت و گفت: اگر با عمامه می شود کاغذ خواند خودت بخوان.

آبروی ملا

ملا به بقال سر گذر مدتی بود ۵۳ دینار وام داشت. وقتی در بازار، دکان یکی از دوستان با جمعی نشسته بود بقال از آنجا عبور می کرد چشمش که به ملا افتاد ایستاد و گفت: یا طلب مرا بده یا در بازار رسوایت خواهم نمود. ملا سر را پایین انداخت و جوابی نداد. بقال دست از مطالبه برنداشت، بار دیگر موضوع را تکرار کرد. این دفعه ملا غضب آلود گفت: من چقدر به تو بدهکارم؟ بقال گفت: ۵۳ دینار گفت: بسیار خوب ۲۸ دینار فردا به تو می دهم بیست دینار هم پس فردا. جقدر باقی خواهد ماند؟ بقال گفت: پنج دینار. ملا گفت: بسیار خوب مرد حسابی خجالت نمی کشی برای پنج دینار آبروی مرا می بری؟

نصایح ملا

ملا در مجلس حاکم نشسته بود و دستور العملهای گوناگون بـرای طـرز حکومت و رفتار با مردم و غیره می داد. حاکم هر چه تأمـل کـرد مـلا از روده درازی دست بر نداشت. در آخر حاکم خشمگین گشت و گفت مرد احمق که ترا آنقدر جَری کرده که در حضور من بزرگی، این همه حـرف بزنی؟ ملا گفت: کوچکی.

دفتر قابل هضم

حاکم شهر قاضی را که زیاد رشوه گرفته و معاملات ضد و نقیض کرده بود با دفترش در دارالحکومه خواست و از دفتـر او چنـد حکـم ناسـخ و منسوخ یافت، امر کرد دفتر را بخورد او دهند و با شدت تمـام ایـن حکـم اجرا شد. بعد قضاوت را به ملا واگذارد. پس از یک مـاه روزی مـلا را بـا دفترش برای رسیدگی خواست. ملا وارد شد و دفتری از ورق حلوا همراه داشت. حاکم پرسید این چه قسم دفتریست؟ ملا گفت: هـر چـه حسـاب کردم دیدم معده ام قوّت هضم جز این قسم دفتر ندارد. به این جهت دفتـر قابل هضم همراه آوردم.

حساب سازی

ملا زمانی که کسب می کرد مقداری نسیه داده بود که در دفتری نوشـته بود. روزی یکی از بدهکاران از جلوی خانـه اش مـی گذشـت. مـلا او را خواند و گفت می دانید چند وقت است به من مقروضید و حاضر بـه ادای قرضتان نشدید؟ آن شخص که دانست ملا سماجت خواهـد کـرد گفـت: دفتر را بیاورید ببینم قرض من چیست؟ ملا که به وصول طلبـش امیـدوار

شد با عجله دفتر را آورد و قرض او را رسید. سی و یک دینار بود. آن شخص نگاه کرد دید که از همسایه اش هم ۲۵ دینار طلب نوشته. گفت ملا این همسایه و قوم من هم که با شما حساب دارد حسابش را با من مفروغ کنید. ۲۵ دینار که از ۳۱ دینار کم شود شش دینار باقی خواهد ماند آنرا هم لطف کرده حساب هر دو را قلم بگیرید. ملا که خیلی به تصفیه حسابها علاقمند بود شش دینار پول و سندی که تصفیه دو حساب را در آن نوشت به او داد و برای زنش مژده برد که دو طلب خود را به این سادگی با دادن شش دینار وصول کرد. زن که حساب سازی غریب را علاوه بر ندادن (۵ دینار طلب، ۶ دینار هم دستی گرفتن) را دید مدتی سعی کرد تا موضوع را به ملا حالی کند. ملا به محضر قاضی برگشت و در حضور جمع دفتر را نشان داد و قضایا را بیان نمود. قاضی به سراغ مدیون فرستاد و گفت این چه قسم حسابی بود که برای ملا ساختی. جواب داد: چون ملا اصرار به تسویه حساب داشت و منهم پول نقد نداشتم دیدم آبرویم را خواهد برد با او شوخی کردم. او هم از کثرت هوش شوخی را جدی تلقی کرد و حساب را تسویه نمود. پس قاضی از او سندی گرفت و به ملا داد و از ملا خواهش کرد چون حساب نمی داند بعد از این در این قبیل مواقع از دیگران بپرسد که مجبور به مراجعه به قاضی نباشد.

از ترس

ملا و جمعی در محضر حاکم بودند. جوان جلفی که پیدا بود گرم و سردی نچشیده و نیک و بدی ندیده مجلس را از ذکر شجاعت های خود که چگونه با دسته دزدان مصاف داده و بر آنها غالب گردیده و چه سان به شکار پلنگ و ببر و شیر رفته برخاسته بود. در بین گفتار او از پسر حاکم

باد پر صدایی خارج شد. حاکم خواست ملامتش کند. ملا گفت بر او بحثی نیست به شنیدن شجاعت های این جوانمرد من که مردی مسنم شلوار خود را نجس کردم اگر این بچه بادی رها کند چه گناه دارد.

علت خوشحالی

ملا در همسایگی امیر بزرگی منزل گرفت. عادت امیر این بود شبها که به خانه می آمد ابتدا در طبقه زیرین خانه قهقهه پر صدایی که به نعره شباهت داشت میکشید بعد به طبقه دوم می رفت در آنجا هم فریاد مسرّت آمیزی بر می آورد وچون به طبقه سوّم می رفت در آنجا صدای نعره اش بلندتر بود و چون این رفتار چند شب تجدید شد ملا به فکر افتاد که علت را بفهمد. پس روزی دل به دریا زد و در کوچه جلو امیر رفت و خود را معرفی کرد که در همسایگی او منزل دارد و از او سبب نعره کشیدن را پرسید. امیر که مردی متواضع و نجیب بود ملا را دعوت کرد که به خانه اش بیاید و به علت پی بَرَد. چون به طبقه زیرین خانه رسیدند ملا اسب بسیار قشنگی را دید. امیر گفت این اسب را که می بینید در جنگها یار و غمخوار من بوده مرا از خیلی مهالک نجات داده است. منهم همه روزه به خانه که آمدم اوّل سراغ او میروم و از دیدنش نعره شادی می کشم. پس به طبقه دوّم رفتند در آنجا امیر شمشیر مرصّع و مزیّنی را نشان ملا داد و گفت: این شمشیر سبب فتوحات بیشماری است که مرا صاحب این اسم و رسم کرده و من هر شب آن را که بهترین یادگار زمان جوانی و جنگجویی من است می بینم و نعره شادی می کشم. پس به طبقه سوّم رفتند در آنجا امیر زن ماه رخساری را به ملا نشان داده وگفت: این زن که به خانواده بزرگی منسوب و در وجاهت و اخلاق و کمال نظیر ندارد سبب

سوّمین نعره من است که به وسیله کشیدن نعره از او سپاسگزاری میکنم و خدا را هم شکر می گویم که نعمت خود را بر من تمام کرده است. ملا گفت: شما را به داشتن این سه گوهر گرانبها تبریک میگویم و به شما حق می دهم ولی گمان دارم بعد از این چون دانستید در همسایگی من واقع شده اید نعره چهارم را هم خواهید کشید.

اشتباه مختصر

یک نفر اصفهانی به شهر ملا آمد و در مجلسی تعریف عمارات و قصرهای مزیّن و مشهوری را که سبب شده است اصفهان را نصف جهان بنامند می نمود. ملا که تصورکرد لاف می زند خواست از او عقب نماند گفت در نزدیکی ما شهریست که در یکی از باغات آن قصری ساخته اند به عرض پنجهزار ذرع (در این موقع چند نفر مطلع وارد مجلس شدند ملا مطلب را چنین تمام کرد) به طول پنجاه ذرع. یکی از حضار پرسید چطور عرض پنجهزار ذرع و طول پنجاه ذرع. گفت: ورود آقایان مجبورم کرد طول را تحقیقی بگویم در عرض هم چندان مبالغه نشده صحیح آن بیست و پنج ذرع می باشد.

مهمان خدا

گدای سمجی همه روزه به خانه ملا می آمد و با اصرار و ابرام از او چیزی می خواست. ملا چند بار او را دستگیر نمود ولی همین بیشتر باعث سماجت او گردید. مرتب به موقع معیّن سر ظهر که ملا برای خوردن ناهار به منزل می رفت گدا حاضر می شد. روزی به محض اینکه در زد ملا پرسید کیستی؟ گفت مهمان خدا ملا بیرون آمد و گفت دنبال من بیا تا

خشنودت سازم. پس راه درازی پیش گرفت تا به مسجد بزرگ شهر رسید و گفت تو اشتباه می کردی خانه خدا اینجاست و از مهمانانش هم بهتر از من پذیرایی می کند. خواهش دارم بعد از این مستقیماً به اینجا مراجعه کنی.

تفاوت سن

از ملا پرسیدند: سن تو و برادرت چقدر فرق دارد. گفت پارسال مادرم گفت: برادرت یک سال از تو بزرگتر است به این حساب امسال هر دو همسالیم.

نجات دهنده کیست؟

ملا با دوستان کنار استخری نشسته بود و غذا می خوردند. پس از صرف غذا هر یک دست خود را در حوض شستند. اتفاقاً پای یک نفر لغزید و به آب افتاد. هر کس تلاش می کرد که او را مستخلص سازد ولی ملا با کمال خونسردی همه را عقب کرد، کنار حوض آمده دستش را دراز کرد و گفت: بیا دست مرا بگیر تا بیرونت بیاورم. آن شخص از هول جان جلو آمد و دست ملا را گرفت و خواست بیرون آید. علاوه بر آن که نتوانست ملا را هم به استخر کشید. دیگران به آب افتادند و با زحمت زیاد هر دو را نجات دادند. ملا عقیده اش این بود که آن مرد نجات خود را مدیون او است زیرا دیگران اگر او را در آب نمی دیدند جرئت به آب افتادن نداشتند!

بخار غذا

فقیری از جلو دکان خوراک پزی می گذشت. از بوی خوراکهای گوناگون مست شد، نان خشکی که در توبره داشت بیرون آورد، به بخار دیگ گرفت و به دهان گذاشت. آشپز او را دید مدتی می نگریست تا فقیر تمام نانش را خورد و راه افتاد. آشپز ناگهان جلو او را گرفت و گفت عمو کجا می روی پول خوراکی را که خورده ای بده. اتفاقاً ملا از بازار عبور می کرد مشاجره آنها را دید جلو رفت سبب پرسید. فقیر سرگذشت را گفت: ملا از جیبش چند سکه در آورد، به آشپز داد و گفت درست گوش بده و سکه ها را یکی یکی به زمین می انداخت و می گفت صدای پول را تحویل بگیر. آشپز گفت این چه قسم پول دادنی است. ملا گفت: مطابق عدالت کسی که بخار غذا بفروشد باید در عوض صدای پول دریافت نماید.

معامله غریب

ملا وارد شهری شد، در بازار به دکان دوخته فروشی رفت و شلواری برداشت و قیمت کرد، پوشید و شروع کرد به راه رفتن. پس از چند قدم برگشت شلوار را کند گفت شلوارم چندان عیبی ندارد این را بگیر و به عوض آن یک جبّه بده. صاحب دکان جبّه ای آورد و به او پوشاند. ملا راه افتاد صاحب دکان مطالبه پول کرد. ملا گفت: عجب مگر عوض جبّه شلوار را به شما ندادم. دکان دار گفت پول شلوار را که ندادید. گفت شلوار را برنداشتم که پولش را بدهم.

جای حق

از ملا پرسیدند حق در کجا است گفت: من جایی را نمی بینم که حق در آنجا نباشد که محلی برای او معلوم کنم.

از همه جا رانده

ملا سالها تحصیل کرد. در آخر بایستی وارد زندگی شود چون در شهرها به قدر کافی مردمان عالم بودند. فکر کرد که در دهات بهتر می تواند زندگی کند. به دهی رفت. گفتند ما امام جماعت داریم و احتیاج به شما نداریم از آنجا به ده دیگر و بالأخره از بس در دهات گشت و از هر جا رانده شد خسته گردید. پس از چندین روز گردش به دهی رسید. در میدان ده غوغایی دید جلو رفته سبب پرسید گفتند مدتهاست روباهی در این ده آمده نسل مرغ و خروس را برانداخته با هزار زحمت امروز او را گرفته ایم، نمی دانیم چگونه شکنجه اش نماییم که تلافی خسارات ما بشود. ملا گفت: اینکار را به من واگذارید. شکنجه ای خواهم کرد که نظیر نداشته

باشد. دهاتیها خوشحال شدند و گفتند لابد بهتر از ما می داند و روباه را به اختیار او گذاشتند. ملا جبّه اش را از تن بیرون آورد و به پشت روباه انداخت و عمامه را هم به سر روباه گذاشت، شال کمرش را هم محکم به روباه پیچید و رهایش کرد. دهاتیها که این عمل را دیدند به طرف ملا هجوم آورد و گفتند باید تمام خسارات ما را بدهی زیرا این همه زحمت کشیدیم و این حیوان موذی را به چنگ آوردیم تو به این سادگی او را رها کردی. ملا گفت: آنچه من می دانم شما نمی دانید بلایی به سر این حیوان آورده ام که تا آخر زندگی بدبخت باشد و به هیچ سوراخی راهش ندهند.

مؤذّن

ملا مؤذّنی را دید در بالای مناره مشغول ناله کردن است فریاد کرد بیچاره خیال نکنی کسی نمی خواهد ترا یاری کند من حاضرم ولی چکنم که بر سر درخت بی شاخ و برگی رفته ای که کمک کردنت میسّر نیست.

جای ملائکه

از ملا پرسیدند قبل از خلق آسمان و زمین و آدم ملائکه کجا زندگی می کردند؟ گفت: در خانه هایشان.

گول خور

شخصی ادعا می کرد که کسی نتوانسته تا به حال او را گول بزند. ملا گفت گول زدن تو کار آسانیست ولی به زحمتش نمی ارزد. گفت چون نمی توانی این حرف را می زنی. ملا گفت: بسیار خوب ساعتی اینجا

بایست من کار واجبی دارم انجام می دهم و می آیم و ترا گول می زنم. آن شخص مدتی منتظر ماند ملا نیامد. پس از دو ساعت غُرغُر می کرد که این مرد نتوانست مرا گول بزند جرئت نکرد برگردد. شخصی از آنجا می گذشت گفت: عجب احمقی هستی دیگر می خواهی چطور ترا گول بزند که دو ساعت است منترت کرده و خود به سراغ کارش رفته است.

درس خواندن ملا

در موقعی که ملا به مکتب می رفت آخوندش پرسید نصر چه کلمه ایست؟ گفت مصدر پرسید: چرا درست جواب ندادی گفت اگر می گفتم فعل است مکافات زیاد پیدا می کرد. چون فعل ماضی، مضارع امر مثبت و منفی و مذکر و مؤنث دارد وقت تلف می شود. گفتم مصدر که شما و خودم را راحت کرده باشم.

کتاب از کفاش

ملا را به مجلس عروسی دعوت کرده بودند. چون به در اتاق رسید و خواست کفشش را بیرون آورد دید کفش فراوانی آنجاست و هیچ کس هم مراقب نیست. فکر کرد اگر کفشش را آنجا بگذارد در موقع بیرون آمدن مدتی معطل خواهد شد و احتمال هم می رود عوض شود. پس آن را در دستمالی پیچیده به جیب گذاشت. چون داخل اتاق شد شخصی که پهلوی او نشسته بود برآمدگی جیبش را نشان داد و پرسید: گویا کتاب ذیقیمتی در جیب گذاشته اید. ملا جواب داد: بلی. پرسید در چه موضوع است؟ جواب داد: فلسفه. گفت: لابد آنرا از صحاف خریده اید. گفت: خیر از کفش دوز خریده ام.

انفیه تند

ملا به همسایه اش که عازم شهر بود ظرفی داد و خواهش کرد مقداری روغن زیتون جهت او بیاورد. همسایه ظرف را پر از آب کرد و روی آن کمی روغن ریخت و به ملا داد. ملا خواست بادمجان سرخ کند وقتی که روغن را به تاوه ریخت دید آب خالی است. دانست که کلاه سرش رفته تصمیم گرفت که انتقام خوبی از همسایه بکشد. فکر کرد او به انفیه معتاد است پس دو قوطی پر انفیه درست کرد. در یکی انفیه معمولی و در دیگری مقداری فلفل و بعضی ادویه بسیار تند و تیز ریخت و در کوچه منتظر آمدن همسایه شد و چون همسایه از دور نمایان گشت قوطی انفیه را در آورد و مقداری به دماغش کشید و چشم های خود را خمار کرد و گفت: آه چه انفیه خوبی است از بوی خوشش مرا واله می کند و دوباره انفیه را نزدیک بینی برد و نفس بلندی کشید. همسایه که حرکات او را

مراقب بود از شنیدن اسم انفیه دهانش آب افتاد، به ملا نزدیک شد و گفت ممکن است ذرّه ای از این انفیه به من بدهی. ملا در حال قوطی دوّمی را به او داد. آن مرد به خیال مال مفت مقدار زیادی از آن را برداشته به دماغ برد و نفس بلندی کشید. از تندی و تیزی آن که تا مغزش اثر کرده بود حال تهوع و کسالت شدیدی او را عارض شد. پس رو به ملا کرد و گفت خدا عذابت را زیاد کند این چه انفیه ای بود. ملا گفت: این انفیه تفاله روغن زیتون مرحمتی شما بود.

دلیل اهمیت

از ملا پرسیدند: دهاتی مهمتر است یا صاحب ده؟ گفت دهاتی. برای این که اگر او نباشد و گندم نکارد صاحب ده از گرسنگی خواهد مرد.

آدم شدن

از ملا پرسیدند: چگونه می توان آدم واقعی شد؟ گفت: اگر شنیدید عاقلی جایی صحبت می کند درست گوش بدهید و استفاده کنید و چون در مجلسی دیدید به حرف شما گوش می دهند گوش خودتان هم به آن حرف باشد.

خلاصه بهداشت

ملا در موعظه می گفت: خلاصهٔ الخلاصه بهداشت انسانی چهار چیز است: پایت را گرم نگاهدار و سرت را خنک. در غذای خود دقت کن و فکر زیاد منما.

آفتاب

شخصی نزد ملا آمد و گفت: من نمی دانم چرا مغضوب آفتاب واقع شده ام که هیچ وقت به خانه من نمی تابد. ملا پرسید به صحرا می تابد یا نه؟ گفت بلی گفت: پس هر چه زودتر خانه ات را به صحرا ببر.

مقصّر کیست

خر ملا را شب از طویله دزدیدند. صبح که در جستجوی آن برآمد دوستانش گرد او جمع شدند و هر یک به نوعی ملامتش می کردند. یکی گفت: چرا در طویله را قفل نکردی که دزد نتواند بیاید. دیگری گفت: بایستی بیشتر مواظبت می کردی. دیگری گفت: چرا باید آنقدر خوابت سنگین باشد که ملتفت نشدی دزد آمد و در را باز کرد و الاغ را برد. بالأخره ملا به تنگ آمد و با تغیر تمام گفت: گویا همه گناه از من است و دزد به کلی در این معامله بی تقصیر است.

تأثیر دعا

یکی از دوستان خیلی ملا را اذیت می کرد و همیشه ملا او را تهدید میکرد که اگر دفعه دیگر مرا اذیت کنی نفرینت خواهم کرد ولی او اعتنا نمیکرد و در صدد آزار جدیدی بر می آمد. روزی عصای ملا را شکست. ملا فوق العاده متأثر شد و گفت این عصا که شکستی به جای پای من کار می کرد برو که خدا پایت را بشکند و یقین بدان که این نفرین من چهل روز یا چهل ماه یا چهل سال دیگر هر وقت باشد به اجابت خواهد رسید. آن شخص مانند همیشه ملا را استهزا کرد و رفت. اتفاقاً چند قدم بر نداشته بود که چایش پیچیده به زمین خورد. پس لنگ لنگان نزد ملا برگشت و

در حالتی که اشک می ریخت گفت ملا نفرین تو زود تأثیر کرد و مرا بی پا نمود. با این که تو گفته بودی چهل روز یا چهل ماه این که به چهل ثانیه هم نکشید. ملا گفت: صحیح است که نفرین من گیراست اما این صدمه که خورده ای به سبب نفرین من نیست. فکر کن ببین پیشتر چه کسی را اذیت کرده ای که نفرینت کرده باشد و منتظر باش تا چهل روز یا چهل ماه دیگر پای دیگرت عیب کند آن وقت آنرا تأثیر نفرین من بدان.

با هزار زحمت

باغی را به قیمت نازلی می فروختند چند نفر طالب داشت یکی از آنها خواست ارزانتر از قیمتی که معین شده خریداری نماید. ملا را دید و استدعا کرد پادرمیانی نموده معامله را تمام نماید. ملا قبول کرده نزد صاحب باغ رفت و برگشت و به آن شخص گفت نمی دانید چقدر زحمت کشیدم تا صاحب باغ را به آن قیمت راضی کردم. آن شخص شروع کرد به تشکر کردن ولی ملا گفت نگذاشتید حرفم تمام شود زحمت را تنها برای شما نکشیدم خودم هم استفاده بردم پرسید: چگونه؟ گفت باغ را برای خودم خریدم.

غاز همسایه

ملا همسایه خسیسی داشت. روزی از جلو خانه او می گذشت چند غاز دید که از در خانه بیرون آمده اند و در کوچه خوابیده اند. ملا غاز فربه تر را گرفت، زیر دامن جبّه اش مخفی کرد ولی غاز مهلت نداد و شروع کرد به فریاد کردن «ص ص ص ص» ملا گلوی او را گرفت و گفت عجب

تو که از اربابت خسیس تری صبر کن من می خواهم به تو خاموشی یاد دهم فوراً داد و فریاد راه مینداز.

استاد آدم

از ملا پرسیدند که حضرت آدم قرآن را پیش کدام یک از پیغمبران آموخت. گفت چون بعد از پیغمبر ما حضرت ابراهیم خلیل مقامش از دیگر پیغمبران بالاتر است لابد حضرت آدم قرآن را نزد او آموخته است.

سنگینی ملا

ملا مقداری هیزم بار الاغ کرده بود و خودش هم زانوهایش را به رکاب گذاشته و بلند ایستاده بود. بچّه های محل او را دیدند، به او گفتند چرا راحت روی الاغ نمی نشینی؟ گفت: من آدم منصفی هستم خدا را خوش نمی آید که الاغ هم بار بکشد و هم من سنگینی خود را روی آن بیندازم.

خر سواری را حساب نکرده

ملا نُه الاغ کرایه کرد. هشت تای آنرا بار کرد و یکی را هم خودش سوار شده بود و از وسط صحرا به دهی می رفت. در اثنای راه فکر کرد مبادا یک الاغ جا مانده باشد. الاغها را شمرد هشت تا بود الاغ سواری را حساب نکرد. حواسش پرت شد، از الاغ پایین آمد و به دقت الاغها را شمرد نُه تا درست بود تصوّر کرد که اوّل اشتباه کرده دوباره سوار شد چند قدم که رفت باز الاغها را شمرد دید هشت تا بیشتر نیست. باز از الاغ پایین آمد و شمرد دید نُه تاست. پس تصور کرد که اجنّه و پری ها با او شوخی می کنند. لذا شروع به خواندن اذکار و اوراد نمود. چند قدم دیگر که رفت باز الاغها را شمرد. دید هشت تاست. پس ترس به او غلبه کرد و هر چه این کار را تکرار می نمود در موقع سواری هشت و چون پیاده می شد نُه الاغ می دید با حالت خراب و اوقات تلخ الاغها را نگاهداشت و خودش به گوشه ای رفت. درست آنها را شماره کرد نُه تا درست درآمد پس یقین کرد که اجنه دور او را گرفته اند و با صدای بلند شروع به فریاد و امداد نمود. صدایش منعکس شد تصوّر کرد این صدا هم از اجنّه است. پس از شدّت ترس خسته و خراب در گوشه ای خوابید. شخصی از آنجا می گذشت ملا را به آن حالت دید جلو آمده سبب پرسید ملا با ترس تمام تفصیل خود و اجنّه را شرح داد و در ضمن علاوه کرد که خود آنها را ندیده است ولی صدایشان را با کمال وضوح شنیده. آن شخص ملا را دلداری داد و مطمئن کرد که برای همراهی تا آخر راه را با او می رود. ملا هم پیش آمد وخورسند سوار الاغ شد. چون چند قدم رفتند ملا گفت خوبست الاغها را بشماریم ببینیم اجنه دست برداشته اند یا نه چون شمرد

باز هشت تا بیشتر نبود پس دوباره به ترس افتاد گفت دیدید حق داشتم باز الاغها هشت تا شدند. آن شخص ملتفت اشتباه ملا شد و گفت چرا الاغی که سوار هستی حساب نمی کنی ملا کمی فکر کرد و دانست که حواسش پرت بوده هر وقت سوار الاغ می شده مرکوب خود را حساب نمی کرده است. پس از آن شخص که این معما را برایش کشف کرده بود تشکر کرد و باقی را بی‌خوف طی کرد.

سهم ملا

در فصل بهار ملا با دوستانش برای یک هفته به باغ دلگشایی رفتند و این مدت را با کمال سرور و خوبی به پایان بردند آنقدر به آنها خوش گذشت که تصمیم گرفتند یک هفته دیگر هم آنجا بمانند. هر یک از آنها قسمتی از لوازم را به عهده گرفت. یکی گفت نان با من و یکی گوشت و یکی میوه جات دیگری برنج و یکی روغن در آخر نوبت به ملا که رسید گفت اینطور که شما تهیه دیده اید ضیافت فوق لعاده خوبی در مدت طولانی خواهد بود اگر از آن روگردان شوم لعنت خدا مربوط به من است.

ساعت چند است

روز ماه رمضان شخصی از ملا پرسید: ساعت چند است ملا گفت: همه قسم ساعت هست از ده دینار تا هزار دینار. آن شخص گفت مقصود من این است که ساعت چه داریم. گفت در ساعت عقربک جرخ و فندول و غیره داریم. گفت نه آملا می گویم ساعت شما چیست. گفت: نقره. گفت: عجب ملا من شوخی نمی کنم می پرسم به افطار چه داریم. ملا گفت گمان دارم افطار فرنی، دلمه، پلو و خورشت و شاید باقلوا هم داشته باشیم.

گفت عجب ملا شما چرا این قدر دیرفهم هستید مقصودم اینست که چه زمانیست. گفت گویا آخرالزمان باشد. طرف دید از ملا مقصود را نخواهد فهمید سرش را پایین انداخت و راه خود را پیش گرفت.

حکمت خدا

ملا از صحرا می گذشت چون خیلی خسته بود الاغ را به چرا سر داد و در زیر درخت گردویی نشست. اتفاقاً جلوش بوستان خربُزه و هندوانه بود. ملا اندیشه کرد و گفت خدایا فلسفه اینکه گردوی به این کوچکی را درخت به این قوی هیکلی آفریدی و خربُزه و هندوانه به این بزرگی را از بوته به آن کوچکی عمل آوردی چیست؟ هنوز در این اندیشه بود که از منقار کلاغ که گردویی کنده مشغول پوست کندن بود گردو رها شده روی سر بی موی ملا افتاد و سرش را شکسته خون جاری گشت. ملا فی الفور

سجده شکر به جا آورد و گفت: تبارک الله احسن الخالقین اگر به جای این گردو خربُزه یا هندوانه روی سر من افتاده بود حالا کلکم را کنده بود.

اولیاء را کِبری نیست

از ملا پرسیدند چطور می توانی ثابت کنی که از اولیاء هستی. جواب داد: به هر درخت یا هر سنگ اشاره کنم نزد من می آید. اتفاقاً درخت چناری در مقابل بود گفتند: ممکن است به این درخت اشاره کنی که جلو بیاید. ملا سه مرتبه با لحن مخصوص گفت: بیا ای مبارک ولی حتی یک برگ هم از درخت جلو او نیفتاد. پس با کمال طمأنینه ملا جلو درخت رفت. گفتند: درخت را خواستی نیامد خودت چرا رفتی جواب داد: چون اولیا را کِبری نیست درخت پیش من نیامد من پیش او می روم

تسبیح یا سجود

ملا اطاقی اجاره نمود که از بس کهنه ساز و مخروبه بود به مختصر وزش باد یا باران تیرهایش صدا می کرد. پیش صاحب خانه رفت و گفت توقف در اتاقی که به من اجاره داده اید بی اندازه خطرناک است زیرا هر آن صدای تیرها و دیوارهایش شنیده می شود. صاحب خانه گفت: این صداها عیبی ندارد البته می دانید که تمام موجودات خدا را حمد و تسبیح می گویند و این صدای تسبیح اتاق است. ملا گفت: صحیح است ولی چون تسبیح و تهلیل موجودات غالباً به سجده منجر می شود من از ترس سجده آنها خواستم زودتر فکری بنمایم.

کار قضا

روز عید ملا پولی تهیّه کرده برنج و روغن و مخلفات خرید و به زنش گفت امروز را می خواهم به خوشی بگذرانم. پلو چربی بپز تا به خانه برگردم. اتفاقاً کار آنروزش بسیار طول کشید و بعد از ظهر با شکم گرسنه وارد خانه شد. زن فوراً سفره را پهن کرده ناهار دلچسبی حاضر کرد ولی ملا هنوز لقمه دوّم را برنداشته بود که در خانه را زدند و پسر همسایه با حال پریشان آمد و به ملا گفت مادرم می گوید ما غیر از شما کسی را نداریم خواهش دارم فوراً به خانه ما بیائید و ما را کمک کنید. ملا با اوقات تلخ شیطان را لعن کرد و برخاست به خانه همسایه رفت و پس از نیم ساعت با کمال خشم و غضب برگشت. زنش پرسید: چه بود؟ ملا گفت خواستم یک روز ناهار گوارا بخورم دیگر نمی دانستم الاغ همسایه کره ای می زاید که دم ندارد و آنها ترسیده بودند و عقب من می فرستند.

معامله سر راست

ملا نخی که زنش تابیده بود برای فروش به بازار برد ولی آن را بقدری ارزان خواستند که نتوانست بفروشد. به خانه آورد و یک پارچه سنگ میان نخ گذاشت نخ را به دور آن پیچیده به بازار برد و به قیمت نازلی که تنها قیمت اصل نخ بود فروخت و پولش را گرفت و به خانه رفت. فردا طرف در بازار یخه اش را چسبید و گفت ملا نخ به من فروختی یا سنگ. گفت تو بقدری که پول دادی همانقدر نخ ببر سنگ هم منفعتت دیگر حسابی نداریم.

کفش نو

در اثنای شخم خار بزرگی به پای ملا رفت و پایش را زخم نمود. پس از شستن و بستن باز خدا را شکر می کرد کفش نوی که خریده بـود پایش نبود.

برای رفع شک

یکی از اعیان شهر به ملا زیاد اظهار ارادت میکـرد و خـود را مـشتاق پذیراییش نشان می داد. روزی ملا عازم خانه او شد، از دور دید جلو پنجره ایستاده کوچه را می نگرد. به محض دیدن ملا از پنجره کنار رفت. مـلا در خانه را زد خدمتکاری در را باز کرد. ملا پرسید: آقا هـستند. گفـت خیـر الساعه بیرون رفتند و یقیناً اگر بداند که شما سرافرازش فرموده اید متأسّف خواهد شد. ملا گفت: بسیار خوب وقتی تشریف آوردند به ایشان بگو بعـد از این هر وقت از خانه خارج می شوند یادشان باشد سرشان را پشت پنجره نگذارند که اسباب شک واردین گردد.

آدم متدین

مؤمنی پانصد دینار به ملا داد که تا یک سال همه نمازهـایش را دو بـار بخواند یکی برای خودش یکی برای صاحب پول. ملا چهل دینار آنرا پس داد و گفت: چون در شبهای کوتاه غالباً نماز صبح من قضا می شود به این جهت اجرت آنرا پس می دهم که مدیون نباشم.

انتظار

ملا در کنار نهر کوزه آب می کرد از دستش رها شد و جریان نهر آنرا برد او هم همانجا تا عصر نشست پرسیدند: منتظر چه هستی؟ گفت کوزه ام به نهر افتاد منتظرم باد کرده روی آب آید تا آنرا بگیرم.

کی مداوا می شود؟

ملا را دهی مهمان کردند شب کره و عسل و قیماق برایش آوردند. با اشتهای تمام خورد و چون خسته بود پهلوی بچه شش ساله صاحبخانه خوابش برد. نصف شب ملا از خواب پرید و خواست برای قضای حاجت به حیاط رود سگ قوی هیکلی به طرف او پارس کرد ناچار برگشت و باز چند مرتبه تا حیاط رفت و از ترس سگ برگشت. بالأخره طاقتش طاق شد و رختخواب بچه را ملوث کرد. صبح موقعی که خواستند جاها را جمع کنند دیدند بچه برخلاف عادت رختخوابش را کثیف نموده تصور کردند که مریض شده در پی چاره برآمدند. ملا آنها را صدا کرد و گفت: حقیقت مطلب اینست که تا وقتی شما به مهمان کره و عسل بدهید و سگ درنده قوی هیکلی هم در حیاط نگاهدارید امید معالجه بچه را نباید داشته باشید.

شیرینی خوران

زن ملا از در خانه متوحشانه بیرون آمد و فریاد می کرد مرا از دست این مرد بی انصاف نجات دهید و با کمال شتاب می دوید. ملا هم چوب بلندی به دست گرفته بود واز عقب او می دوید. تا اینکه زن وارد خانه همسایه متمولی شد. ملا هم در پی او وارد گشت. اهل خانه که این حال را دیدند زن را به اطاقی بردند و جلو ملا را هم گرفتند و گفتند این وضع خوب نیست آدم نباید این قدر زود رنج و لجوج باشد. مخصوصاً از مرد محترمی چون شما شایسته نیست زنش را بزند آنهم به این طرز زشت در کوچه. اما ملا به حرف آنها گوش نداد و می خواست به هر نحوی شده خود را از دست آنان خلاص کند و زن را تعقیب کند. بالأخره با هزار زحمت همسایه ها غضب ملا را فرو نشانده او را به اتاقی برند و چند شیرینی خوری پر از باقلوا و نقل و سایر شیرینی ها جلو او گذاشتند و گفتند قدری

شیرینی میل کنید تا جوش و خروشتان تسکین یابد. ملا نشست و چشمش که به ظروف شیرینی افتاد حالت خونسردی به خود گرفت و شروع به خوردن نمود و در ضمن قطعه باقلوایی برداشت و گفت: اگر این زن پتیاره را به دست می آوردم مانند این باقلوا دو نیمش می کردم و باقلوا را دو نیم کرد و به دهان گذاشت و همچنین مرتب زن را تهدید میکرد با عجله به خوردن مشغول بود. حضار از رفتار او می خندیدند. وقتی که ملا از خوردن سیر شد رو به صاحب خانه کرد و گفت: همسایه عزیز اگر یادتان باشد هفته پیش شیرینی خوران مفصّلی داشتید و مارا دعوت نکردید من با زنم تدبیری اندیشیدیم که جبران بی مهری شما را بنماییم. به این جهت من او را تعقیب نمودم که خود را به اینجا برساند و چنان که گذشت جبران محرومیت شیرین خوران شده باشد. عجالتاً که موفق شدیم خدمتتان عرض می کنم که به هیچ وجه از زنم رنجشی ندارم و اجازه می خواهم او را بخواهید تا مرخص شویم. به حضار از گفتار ملا خنده و بوری شدیدی دست داد و ملا با زنش روانه شدند.

بهترین نقطه جهنم

در مجلس امیر مذاکره قیامت بود امیر آهی کشید و از ملا پرسید نمی دانم جای من در آخرت بهشت یا جهنم خواهد بود ملا جواب داد چرا فکر خود را به زحمت انداخته اید و خیالات موذی به خود راه می دهید جای امرا معلومست نزدیک جایگاه فرعون و نمرود و شداد در بهترین نقطه جهنم است.

برکت قدم

یکی از امرا برای یک هفته به شهر نزدیکی سفر کرد. پس از برگشتن جمعی از جمله ملا به دیدنش رفتند. در اثنای گفتگو ملا پرسید: انشاءالله در سفر به شما خوش گذشت و چیزهای تازه دیدید. امیر گفت بلی این هفته هر روز به چیزی مشغول بودیم. روز دوشنبه حریق مفصلی در شهر اتفاق افتاد که چند نفر سوختند و محله ای ویران شد. روز سه شنبه سگ هاری دو نفر را گزید که مجبور شدند برای جلوگیری از سرایت مرض آنها را داغ نمایند. روز چهارشنبه سیلی در دهکده نزدیک شهر آمد و مزرعه را ویران کرد و ساکنینش اکثراً تلف شدند و ما تا غروب با آن مشغول بودیم. روز پنجشنبه گرگی نزدیک شهر آمد و دو نفر را درید. روز جمعه یک نفر دیوانه شده زن و بچه خود را کشت. روز شنبه طاق خانه ای خراب شد و چند نفر زیر آوار ماندند. روز یکشنبه زنی خود را از درخت

آویخت و مرد. ملا گفت خدا رحم کرد که سفر شما بیش از یک هفته طول نکشید والا با این قدم مبارک سنگ روی سنگ باقی نمی ماند.

عزرائیل اشتباه می کند

ملا حالش زیاد بد بود. زنش را خواست و گفت: بهترین لباس خود را بپوش و زینت کن، بیا بالای سر من بنشین. زن که منتظر وصیّت او بود از شنیدن این حرف گریه کنان گفت: چه معنی دارد در چنین وقتی که حال شما اینقدر خراب است من خود را زینت کنم نه من اینقدر بی وفا و حق ناشناس نیستم که تصور کرده ای. ملا گفت: اشتباه کردی زن عزیز مقصودم این بود که چون عزرائیل آمد و ترا بالای سر من بزک کرده و با لباس نو ببیند البته مرا رها کند و ترا می چسبد. زن از این حرف ملا خندید و گفت: در وقت مرگ هم دست از شوخی بر نمیداری.

غیبگو

ملا زردآلویی چند در دسنمال داشت و از راهی می گذشت. چند نفر را گرد هم دید که به گفتگو مشغولند. جلو رفت و گفت: هر کدام از شما بگوید در دستمال من چیست زردآلویی به او می دهم. یکی گفت: ما مردمانی ساده ایم و غیبگویی نمی دانیم.

عیب خانه

دوست ملا خانه ای ساخته بود. ملا را برای تماشا برد همه جای خانه را پسندید فقط از مستراح عیبی به نظرش رسیده اظهار کرد: که اینجا در آنقدر تنگ است که مجموعه ناهار را نمی توان به راحتی داخل نمود.

زلزله

ملا سوار الاغ از صحرا به خانه می رفت. در اثنای راه زلزله حادث شد ملا از الاغ پیاده شد. سجده شکر نمود. پرسیدند: چرا سجده کردی؟ گفت خانه ما مخروبه است و لابد خراب شده و اگر من در خانه بودم حالا ملایـی در کار نبود. حالا رسیدن به عمر دوباره شکر ندارد؟

حساب دان

از ملا پرسیدند: بهره ای از علم حساب داری گفت: در این علم مجتهدم و از اصول و قواعد آن چیزی بر من مخفی نیست. گفتند چهار درهم را میان سه نفر چگونه تقسیم کنیم؟ گفت به دو نفر از آنها نفری دو درهم بدهید سوّمی صبر کند تا هر وقت دو درهم دیگر پیدا شد به او بدهند.

نصف علاقبندی

در طفولیت ملا را نزد علاقبندی گذاشتند که آن شغل را بیاموزد و پیـشه کند. پس از دو سال از او پرسیدند لابد علاقبندی را خوب یاد گرفتـه ای. گفت: نصف آن را بلدم که تمیز رنگهـای ابریـشم باشـد و بـاقی را یـاد نگرفته ام.

احمق به نظر ملا

از ملا پرسیدند چه کسی را احمق تر دیده ای؟ گفت: وقتی به جهت اتـاق نشیمن خود خواستم دری بسازم نجاری آوردم اتفاقاً نجار چوبی که انـدازه در را بگیرد نداشت دو دست خود را گشاد و با گشادی آن اندازه درگاه را گرفت و روانه شد که به آن اندازه بسازد. در بین راه همه جا سر بالا کـرد

و دقت می نمود کسی به او نخورد که اندازه اش را به هم زنـد. اتفاقـاً در راهش چاهی میان جاده حفر می کردند چون سر بالا راه می رفت ملتفـت نشد و به چاه افتاد. اهل بازار اجتماع کردند و گفتند: دستت را بـده تـا از چاه بیرونت کشیم. گفت دستم را نمی توانم بدهم زیرا که اندازه به هم می خورد. ریشم را بگیرید.

اتاق زمستانی

جمعی از اغنیا با ملا در فصل تابستان برای تفریح به باغی رفتند. ناهار در اتاقی صرف شد که از چهار طرف دارای بیست و چهار در بود و از همـه طرف نسیم بوی گل و ریاحین به مشام می رسانید. در بین غذا یک نفـر از ملا پرسید: به نظر شما این اتاق مناسب چه فصلی است؟ ملا پس از تـأملی گفت: از برای زمستان سبب پرسید جواب داد: اتاق مـن یـک در دارد در زمستان آن در را که می بندم به قدری گرمی از آن در وارد اتاق می شـود که اصلاً به آتش حاجت ندارم در جایی که یک در اینهمه اتـاق را گـرم کند معلوم است در اتاق ۲۴ دری انسان بایستی لخت بنشیند کـه از گرمـا صدمه نبیند.

تدبیر ملا

طلبه ای در کنار حوض مدرسه می خواست وضو بگیرد پولی از جیـبش به حوض افتاد. طلبه عصای خود را در حوض کرد که پول بـه سـر عـصا بچسبد و از آب بیرون آید. معلوم است موفق نشد. در این بین ملا وارد شد و از قضیه آگاه گردید. پس از مدتی ملامت گفت حالا راهی به تو یاد می دهم که پولت را به راحتی بیرون آری. طلبه با امتنان پرسید تدبیر چیست؟

ملا گفت: سر عصا را با آب دهانت تر کن و داخل حوض کن پول به سر عصا میچسبید و بالا خواهد آمد و حاضرین را به این تدبیر بی نظیر خود غرقه حیرت ساخت.

حماقت ملا

ملا جوال گندمی به آسیا برد آرد کند. آسیابان به او گفت جوالت را در گوشه ای بگذار وقتی نوبه تو شد آرد می کنم. ملا جوال را به گوشه ای کشید و چون آسیابان را مشغول دید مشت مشت از گندم جوالهای دیگر برداشت و روی گندم خود می ریخت. آسیابان یکباره متوجه شده گفت: احمق این چه کار است می کنی؟ ملا گفت: مگر نه این که مرا احمق می گویی و آنچه می کنم از روی عقل نیست. آسیابان گفت: اگر احمقی

خوب بود از گندم خودت به جوال دیگران می ریختی. گفت حالا با این حرکت یک احمق هستم و اگر چنان می کردم دو احمق می شدم.

قوّت جوانی در پیری

در روزگار پیری ملا در مجمعی مباهات می کرد که قوّت من در پیری ابداً با جوانی فرق نکرده. گفتند از کجا ملتفت شدی. گفت: هاون سنگی بزرگی در منزل داریم که در جوانی هر چه سعی کردم آن را از جا حرکت دهم ممکن نشد. چند روز پیش هم به این فکر افتاد و نتوانستم ولی نتیجه ای که از این عمل گرفتم این بود که دانستم قوّت من فرقی نکرده است.

برادر و خواهر آدم

به ملا گفتند بر سر برادر و خواهر حضرت آدم ما بین ما گفتگو است. خواهش داریم عدد و اسم آنها را بفرمایید. گفت: سابق می دانستم ولی اسم برادران آدم را فراموشی و خواهرانش را پیری از یادم برد.

عدد ستاره ها

از ملا پرسیدند: ستاره های آسمان چند تا است؟ گفت: از مدتی پیش در این فکر هستم و بالأخره چاره را منحصر به این دیده ام که خودم به آسمان بروم و آنها را بشمارم ولی به دو جهت تا به حال اقدام نکرده ام اول این که روزها به واسطه زیادی مشغله و ازدحام عوام این کار بسیار مشکل است و دوّم آنکه شبها که ممکن است از زحمت خلق راحت باشم

می ترسم در آسمان چراغ نباشد و شمردن ستاره ها در تاریکی کار آسانی نیست.

قبول به استادی

از ملا پرسیدند: که را به استادی قبول کردی؟ جواب داد: روزی در موضوع نماز قصر اندیشه می‌کردم که تکلیف نماز ظهر و عصر و عشا و صبح معلوم است. نصف می‌شود در باب نماز مغرب به شک بودم. از شخصی پرسیدم با اطلاع تمام جواب داد: خیلی آسان است نماز مغرب را یک رکعت ایستاده و یک رکعت نشسته بخوان چون نشسته نصف ایستاده است حسابش درست می آید. من او را به استادی پذیرفتم.

خر شدن ملا

حاکم علاقه زیادی به زن داشت. ملا او را چندین بار نصیحت کرد تا از صحبت آنان کمی دوری گزینند. کنیزک صاحب جمالی که طرف علاقه امیر بود از این قضیه متأثر شد و پرسید: سبب کناره گیری شما چیست؟ امیر نصایح ملا را که باعث خودداری گشته بود بیان نمود. کنیز گفت: برای اثبات این که بدانی چون دستش نمی رسد به نصیحت پرداخته مرا به او ببخش. امیر قبول کرد و کنیز را به ملا بخشید. ملا را از جمال او عجب آمد و بسیار شاد شد ولی هر چه خواست با او در آمیزد کنیز دست نداد و او را از خود می راند تا این که پس از چندی کنیز به ملا گفت: اگر بخواهی ترا اطاعت کنم بایستی روزی مرا به دوش بگیری و سواری مفصلی بدهی تا کامت بر آورم. ملا راضی شد کنیز اضافه کرد به شرط آنکه لگام به دهانت نهم و زین به پشتت بگذارم. گفت هر چه خواهی

بکن. کنیز به امیر پیغام فرستاد که ساعتی به خانه ملا بیاید و خود زین بر پشت و لگام به دهان ملا نهاد و سوار شد و اطراف خانه می گردانید. امیر داخل شد و ملا را به آن حالت مشاهده کرد و گفت مگر تو همیشه مرا از مجالست زنان منع نمی کردی چطور خودت به این حد به پستی تن داده ای و به خاطر زنی حالت چهار پایان گرفته ای؟ ملا گفت: وقتی که امیر را از صحبت زنان منع می کردم برای چنین روزی بود که امیر مانند من خر نشود.

نماز میّت

ملا را به مجلسی دعوت کردند. وقت ناهار آبگوشت مرغ جلو او گذاشتند. ملا خواست گوشت آن را بخورد دید نپخته پس آب را خورد و گوشت را به صاحب خانه داد و گفت این مرغ قسمت من است چون امروز نپخته فردا آنرا بپزید ناهار خدمتتان می رسم. فردا آمد گوشت را آوردند دید باز نپخته آب آن را خورده و گوشت را جلو خود گذاشت و به نماز ایستاد. صاحب خانه پرسید چه می کنی گفت: بر این گوشت نماز خواندن واجب است زیرا گوشتی که دو روز در آتش اندازی و پخته نگردد گوشت مرغ نیست لابد گوشت یکی از صلحا و یا اولیا می باشد.

اختیار با اوست

ملا سوار قاطربود و به راهی می رفت. ناگاه قاطر او را برداشت و از راه دیگری شروع به رفتن نمود. یکی از رفقا با تعجّب پرسید: کجا می روی. گفت: عجالتاً اختیار من با قاطر است هر جا میلش باشد خواهد برد.

باز هم انشاءالله

ملا پولی تهیّه کرد و به بازار می رفت که الاغی خریداری نماید. در بین راه یکی از دوستان به او رسید، مقصدش را پرسید گفت: برای خرید الاغ به بازار می روم. گفت بگو: انشاءالله. ملا گفت گمان ندارم احتیاجی به انشاءالله باشد. برای اینکه پول در جیب من و الاغ هم در بازار موجود است دیگر سبب انشاءالله گفتن چیست؟ از قضا کیسه بری از آنجا می گذشت قضیه را دانست و پس از رد شدن رفیق ملا چند قدم همراه ملا رفت، او را غافل نمود و کیسه اش را ربود. ملا به بازار رفت، خواست قیمت خر را بپردازد در جیبش پول را ندید با یأس تمام به خانه برگشت در بین راه اتفاقاً دوباره به رفیقش برخورد از او پرسید: چطور شد خر را نخریدی. گفت انشاءالله دزد پولها را از جیب من بیرون آورد. انشاءالله خدا ترا لعنت کند که امروز سر راه من سبز شدی و شومیّت باعث شد که تا مدتی بایستی انشاءالله پیاده راه بروم و در زحمت باشم.

ریشخند

ملا از چهارسو می گذشت چند نفر مأمور داروغه را دید گرد هم جمع شده اند و داد و بیداد می کنند. موقع را مناسب دید، کیسه پولش را بیرون آورد و به هم زد به طوری که صدای پولها بلند شد و فریاد زد این پول مال شما با هم قسمت کنید و خود به گوشه ای رفت. مأمورین بر سر تقسیم پول موهوم شروع به مرافعه و کتک کاری کردند. ملا هم پس از مقداری که به ریش آنها خندید راه خود را پیش گرفته رفت.

کشته شاخ دار

در بچگی ملا سحرگاه از خانه به در آمد کشته ای را دید که جلو در خانه انداخته اند او را برداشت و به خانه برده در چاه انداخت و از خانه بیرون رفت. پدرش که پسر خود را خوب می شناخت چون از حادثه واقف شد نره بزی را کشت و به چاه انداخت و نعش مقتول را بیرون آورد و در خاک پنهان ساخت. ملا در اثنای راه واقعه را برای جمعی تعریف کرد. اتفاقاً ورثه مقتول که در جستجوی او بودند خبر شدند، پرسیدند مقتول را چه کردی گفت: در چاه خانه انداختم. پس آنها را به سر چاه برد و خود به درون چاه رفت که نعش را بیرون آورد. چون خوب نگاه کرد دید کشته شاخ دارد پس فریاد کرد: آیا کشته شما شاخ هم داشت آن جماعت به عقل او خندیدند و متفرق شدند.

عوض شده

ملا با قافله ای سفر می کرد. در منزلی فرود آمدند ناگهان طایفه ای دزدان در قافله ریختند و هجوم آوردند. ملا خواست به چابکی خود را نجات دهد لگام برداشت و رفت که قاطر را لگام کند و به در رود از غلبه خوف خود را گم کرد، جلو را از عقب تمیز نداد و لگام را به طرف سرین قاطر برده دم او را کاکل تصور کرد و سرینش را چهره انگاشت. هر چه سعی کرد راه به دهن او نبرد. پس با غضب گفت: سلمنا کاکُلت به این درازی شده و پیشانیت به این پهنی دهانت چرا به هم آمده و دندانهایت کجا رفته است.

نگاهداری در

مادر ملا به او گفت می خواهم به کنار استخر روم تا برگشتن من در خانه را محافظت کن. ملا مدتی نشست در این اثنا پسر خاله اش آمد و پیغام آورد که امشب من و مادرم مهمان شما خواهیم بود به مادرت خبر بده. ملا فکر کرد اطاعت امر مادر لازم است از طرفی پیغام خاله را هم باید برساند پس در را از چهار چوبه در آورده کول گرفت و به جانب استخر رفت. مادرش او را دید، پرسید: این چه شکل است در را چرا آوردی گفت خاله ام پیغام داده که با پسرش امشب به مهانی نزد ما می آیند خواستم پیغام را برسانم و برای اطاعت فرمایش شما و حفظ در آنرا برداشتم و همراه آوردم.

حافظه ملا

ملا بر منبر رفت و گفت: می خواهم برای شما حدیثی در فضیلت مؤمن بخوانم در کتاب دیده ام که عکرمه از ابن عباس روایت کرده که پیغمبر صلی الله و آله فرمودند دو خصلت است که جمع نمی شود مگر در مؤمن یکی از آن دو را عکرمه فراموش کرده است روایت نماید دیگری را هم من فراموش کرده ام.

شفای مریض

ملا بیمار بود. جمعی از اقوام به عیادت آمدند. چند ساعت نزد او نشستند و نمی رفتند. موقع ناهار هم نزدیک شد. و ملا تهیه ای ندیده بود. یک مرتبه از جا برخاست و گفت: الحمدالله خدا مریض شما را شفا داد. دیگر نشستن شما لزومی ندارد و می توانید با حواس جمع به خانه خود بروید.

ول کنند تا ول کنم

ملا به مسجد رفت و صف اوّل پشت سر امام به نماز ایستاد. پیراهنش کوتاه بود هنگام رکوع خصیتینش نمایان شد. ظریفی از عقب خایه های او را گرفت و فشار داد ملا هم دست برد و خایه های امام را گرفت و فشار داد. امام هر چه تسبیح فرستاد ملا دست برنداشت بالأخره گفت اینها فایده ندارد به سرت قسم تا خایه ام را رها نکنند دست از خایه های تو بر نخواهم داشت.

فلسفه خوبی و بدی

ملا به زنش گفت قدری پنیر بیاور که پنیر معده را قوت میدهد، اشتها را زیاد میکند و شهوت را بر می انگیزد. زن گفت پنیر در خانه نداریم. گفت بهتر چون پنیر خون را فاسد میکند و بن دندان را سست می گرداند. زن گفت: حرف اولت را باور کنم یا دوّم؟ گفت اگر موجود باشد اوّلی را و الا دوّمی را.

شرکت در غذا

ملا با کسی در اثنای سفر شریک غذا شد. ناهار شیر برنج داشتند. شریکش گفت من خیال دارم حصّه خود را با شِکر بخورم. ملا گفت شِکر را با همه غذا مخلوط کن. رفیقش قبول نکرد. ملا بند زیر جامه اش را گشوده گفت: من می خواهم در حصّه خود بشاشم رفیقش از ترس گفت بفرما شِکر را مخلوط کن.

نصیحت برای لذّت

ملا مقداری گوشت به خانه آورد. چون زنش بیرون رفته بود خودش آنرا سرخ کرد. در اثنای طبخ چند نفر دوست ملا به خانه اش آمدند چون اظهار کرد باید برای حاضر کردن غذا به مطبخ رود آنها هم همراه او وارد مطبخ شدند. یکی از آنها قدری گوشت را از دیگ بیرون آورد و خورد و گفت قدری نمکش کم است دیگری مقداری خورد و گفت: اگر سرکه در آن می ریختی لذیذتر می شد سوّمی پس از خوردن گفت: مقداری انار چاشنی می کردی خیلی خوب بود. ملا باقی گوشت را برداشت و گفت: احتیاج دیگ به گوشت به مراتب بیشتر از نصیحت شماست.

مقابله قرآن

شب ماه رمضان ملا در مجلس مقابله حاضر شد. قبل از شروع صاحب خانه گفت: کمی انجیر بیاورید بخوریم. خادم اعتنا نکرد چون قرائت شروع شد ملا ابتدا شروع کرد: «والزیتون و طور سنین» صاحب خانه گفت: پس والتین چه شد گفت: گویا در این خانه رسمست که آن را فراموش می کنند من نخواستم خلاف رسم رفتار کنم.

زندگی بعد از مرگ

ملا در سفره لئیمی دید که چند مرتبه مرغی را آوردند، دست نزده برگرداندند گفت: خوشا به حال این مرغ که زندگیش پس از مرگست.

بهترین نعمت خدا

ملا به مهمانی رفته بود برایش پالوده آوردند در اثنای خوردن شخصی از او پرسید: این که می خوری چه نام دارد گفت: اگر چنانکه شنیده ام حمّام بهترین نعمت خدا باشد یقین دارم اینکه می خورم حمام است.

دروغگو

جمعی به شرکت غذایی تهیّه کردند و مشغول خوردن بودند. ملا به موقع وارد شد، گفت سلام علیکم ای طایفه لئیمان. یکی گفت چرا نسبت دروغ به ما می دهی الحمدالله ما هیچکدام لئیم نیستیم. ملا گفت اگر این طور است که این مرد می گوید خداوندا برای دروغی که گفتم مرا ببخش پس به خوردن نشست و معادل دو نفر غذا خورد و هیچ کس نتوانست به او اعتراض کند.

اشتهای زیاد

ملا به زنش گفت من به حمام می روم برای ناهار آش خوبی بپز. زن پخت اتفاقاً برایش مهمان رسید و ظهر با مهمان آش را خوردند. ملا بعد از ظهر از حمام برگشت، ناهار خواست زنش گفت حالا خسته ای کمی بخواب کسالتت رفع شود بعد غذا بخور. ملا خوابید زن از ته کاسه مقداری آش برداشت دور دهان و ریش و سبیل ملا را آشی کرد چون ملا از خواب برخاست اظهار گرسنگی کرد. زن گفت معلوم می شود حواست پرت است خوبست الحمدالله هنوز آشی که خورده ای به دور دهانت مانده ملا دست مالید دید راست می گوید گفت: شاید امروز اشتهای من زیاد شده اقلاً کمی نان بده از ضعف دل جلوگیری کنم.

طلب رحمت

ملا از در مسجدی عبور می کرد گفت خدا رحمت کند صاحب این خانه را که قصر باشکوهی بنا نموده است.

بهانه شکم پرست

پدر ملا پولی به او داد که کله گوسفند برای ناهار بخرد. ملا کله را خرید. در بین راه کمی از گوشت آن را خورد، لذیذ بود باقی را هم خورد و استخوانش را نزد پدر برد. پدرش پرسید اینکه استخوان خالی است گوش کله کو گفت کر بود. پرسید زبانش گفت لال بود پرسید چشمش گفت کور بود گفت پوست سرش چه شده گفت بیچاره کچل هم بود ولی در عوض همه اینها دندان های محکمی داشت که حتی یکی هم نریخته است.

بی اشتهایی

مسافری از راه رسید. به خانه ملا وارد شد. ملا سفره را گشود و چند نان در سفره گذاشت و برای آوردن خوراک رفت. چون خوراک را آورد از نانها اثری بر سفره ندید خوراک را بر سفره گذاشت و دوباره برای آوردن نان رفت چون برگشت خوراک خورده شده بود. لابد دوباره نان را به سفره گذاشت و رفت خوراک بیاورد پس از برگشتن از نان خبری نبود. این موضوع چند بار تکرار شد. هر وقت نان می آورد خوراک نبود و چون خوراک می آورد نانها خورده شده بود. تا مهمان خوراک تمام اهل خانه را به تنهایی صرف نمود آن وقت ملا از او پرسید سبب مسافرت شما چیست؟ مهمان گفت: مدتی است به بی اشتهایی مبتلا شده ام و برای علاج آن سفر می نمایم چون آب و هوای شهر شما سازگار است در برگشتن از سفر تصمیم دارم یک ماه در خانه شما مهمان باشم. ملا گفت: با این که

کمال علاقه را به مهمانداری از شما دارم متأسّفم که بایستی در این دو روزه از این شهر کوچ نمایم و گمان ندارم دیگر به این سعادت نایل آیم.

پدرش شده بود

ملا در جوانی، شبی به رختخواب کنیز پدرش وارد شد. زن با کمال تعجّب پرسید چه می خواهی گفت: مگر نمی بینی که من پدرم هستم.

غذای بی پُشت

ملا در خانه حاکم مهمان بود. پس از صرف غذا از او پرسیدند چگونه غذایی بود گفت: بسیار بد حاکم متغیر شد. ملا فهمید و گفت: سبب بدی را نپرسیدید گفت سبب چیست گفت غذای بی پُشت همیشه بد است زیرا یاد مرتبه بعد گوارایی آن را از بین می برد اگر امیر بخواهد طعام او بر ما گوارا بشود تهیّه شام امشب را خواهد دید.

خیال بد

ملا با یکی از رفقا به ده می رفتند و همراه هر کدام یک قرص نان بود. رفیقش گفت بیا به شرکت غذای خوبی صرف کنیم. ملا گفت جز دو نان چیز دیگری که نداریم اگر خیال بدی نداری تو نان خودت را بخور من نان خود را.

فرار از مرگ

ملا می خواست گردویی بشکند. گردو از زیر سنگ جست و ناپدید شد، گفت: سبحان الله همه چیز از مرگ می گریزد حتی بهائم.

با عیال من نیکویی کنید

در مجلس مهمانی پس از صرف شام طبقی باقلای پخته آوردند. ملا با این که سر شام پهلوانی نموده بود باز هم باقلاها را با عجله می خورد گفتند: این طور باقلا خوردن باعث ثقل و مرگ است. ملا لحظه ای تأمّل کرد و گفت: اگر من مردم با عیالم نیکویی کنید و دوباره به خوردن مشغول شد.

نصرانی ملحد

در ایام پرهیز نصارا بر نصرانی وارد شده دید گوشت می خورد. بی تأمّل بر سفره نشست و با او شرکت نمود. آن شخص گفت: مگر ذبیحه ما را نجس نمی دانی چطور می خوری گفت: اشکال ندارد من در میان مسلمانان مانند تو هستم در میان نصرانیان.

خودش می داند

گاوی وارد زراعت ملا شد و به خوردن زرع و خرابی مشغول شد. ملا چوبی برداشت عقبش کرد ولی هر چه دوید به او نرسید بعد از چند روز آن گاو را برای فروش به میدان آوردند ملا چوبی برداشت و به زدن گاو مشغول شد پرسیدند چرا حیوان را می زنید گفت هیچ نگویید خود گاو گناهش را می داند که هر چه کتک می خورد هیچ نمی گوید.

خوراک همه چیز

ملا نیم من گوشت خرید و به منزل آورد. از زنش پرسید: با این گوشت چه می توان پخت؟ گفت: همه چیز. گفت: پس امشب همه چیز بپز.

مال غیر

ملا در صحرا نشسته بود، مرغ بریانی در پیش داشت و مشغول خوردن بود فقیری از آنجا می گذشت ملا را دید جلو آمد و خواهش کرد او را در خوردن شرکت دهد ملا گفت: ببخشید مال غیر است نمی توانم به شما بدهم فقیر گفت: شما حالا مشغول خوردن بودید گفت: صاحبش آنرا به من داده که بخورم.

دعای ملا

ملا را به مهمانی دعوت کردند، برای خوراک او کله آوردند ملا با لذّت تمام خوراک را خورد و در موقع دعا به صاحب خانه گفت: از کله های اهل بهشت خدا به شما روزی کند.

رفقای شکمو

ملا مشغول گوشت پختن بود رفقایش وارد شدند رفیقی گفت: سبحان الله رزق را روزی رسان پر می دهد قسمت ما امروز به این گوشت بـود. مـلا گفت اشتباه نکن غالباً خدا انسان را از مال خودش هم محروم می کند چـه برسد به مال سایرین. من زن طلاق هستم اگر بگذارم ذره ای از این گوشت شما بچشید.

لطیفه

پدر ملا به او گفت غذا را بیاور و در را ببند ملا گفت: اجازه بدهیـد اول در را ببندم بعد غذا را حاضر نمایم.

نعمت غیر مترقبه

بچّه ها ملا را دنبال کردند ملا برای رهایی از دست آنها به خانــه خرابــی داخل شد. اتفاقاً صاحب خانه جوانمرد بود او را نشاند، برایش نان و خرما و عسل و کره آورد. ملا گفت: نشانه آخرالزمان این است کـه هـر کـه را ظاهر نکو است باطنش خراب است و هر که مثل شما ظاهری خراب دارد باطنش به این خوبیست.

لئامت

ملا به همسایه لئیم خود گفت: چرا هیچوقت مرا دعوت نمی کنی گفت: چون اشتهایت زیاد است و هنوز لقمه به دهان نگذاشته لقمه ای دیگـر بـر می داری. گفت اگر مرا مهمان کنی قول می دهم بـین هـر دو لقمــه دو رکعت نماز بخوانم.

مرض عجیب

ملا در پاشیر آب انبار ادرار می ریخت اتفاقاً شیر چکه کرد، صدای شرشرش به گوش می رسید ملا خیال کرد صدای ادرار اوست مدتی همین طور نشست. نزدیک ظهر شخصی آمد و گفت ملا دو ساعت اینجا نشسته ای چه کنی گفت: نمی دانم چه مرضی گرفته ام که ادرارم تمام نمی شود.

در گرمابه

در گرمابه دلاکی ملا را کیسه می کشید چون از پهلویی به پهلوی دیگر خواست بغلطد در حین برخاستن خایه دلاک نمایان شد ملا خایه او را گرفت دلاک فریاد کرد چه می کنی گفت ترسیدم بیفتی نگاهت داشتم.

غذای بی زحمت

غذای چربی برای ملا هدیه آوردند گفت: اگر زحمت نبود خیلی لذیذ بود. زنش گفت چه زحمتی دارد غذا را دیگری آورده تو می خوری گفت: عجب هنوز نمی دانی شریک داشتن در غذا زحمت است اگر تو نبودی لذت غذا معلوم می شد.

امتحان ملا

ملا جگر گوسفندی خرید و به خانه می برد در بین راه زاغی به او رسید، جگر را از دستش ربود. ملا مدتی با حسرت او را نگریست، دید کاری از دستش بر نمی آید. اتفاقاً شخصی جگر خریده بود، از پهلوی او می گذشت ملا جگر را از دست او قاپید و دوید تا به بلندی رسید آن مرد او را تعقیب کرد، جگر را از دستش گرفت و پرسید سبب این حرکت چه بود. ملا

حال خود را تعریف کرد و گفت: خواستم بدانم کار زاغی از مـن سـاختـه است یا نه.

مکتوب ننوشتید

همسایه ملا ضیافتی ترتیب داد و جمعی را دعوت کرد، ملا را خبر نکرد. ملا تدبیری اندیشید موقع شام مکتوبی برداشت و به خانه همسایه رفـت و مکتوب را به دست صاحب خانه داد و خود بدون تعارف سر سفره نشست و شروع به خوردن کرد. صاحب خانه مکتوب را گرفته به پاکت نگاه کرد و گفت: روی پاکت که چیزی نوشته نشده است ملا در حالی که لقمـه های بزرگ بر می داشت گفت: بلی این کاغذ و پاکت را برای شما آوردم که بعد از این برای صرفه جویی یک کاغذ و پاکـت دعـوت امثـال مـرا فراموش نکنید.

رأی ملا

در موقع قضاوت ملا روزی دو نفر نزد او آمدند یکی ادّعا کرد که این شخص گوش مرا به دندان گرفته ناقص کرده است دیگری تکذیب نمود و گفت خودش گوشش را دندان گرفته. ملا که نمی خواست تصدیق بیجا کند هر قدر گوشش را کشید و دهان را کج کرد نتوانست گوش را به دندان بگیرد ولی در نتیجه امتحان زمین خورد و سرش شکست پس گفت: کسی نمی تواند گوش خود را به دندان بگیرد ولی احتمال دارد سرش بشکند.

قضاوت ملا

دو نفر به شرکت شتری خریدند. یکی دو ثلث قیمت و دیگری ثلث آن را پرداخته منفعت آنرا به تناسب سرمایه قرار گذاشتند قسمت کنند. اتفاقاً شتر با بار در سیل گرفتار و نابود گردید. مابین صاحبان آن نزاع شد صاحب دو ثلث با اینکه متمول بود طرف رفیقش را رها نکرده دستی از او چیزی می خواست بالأخره کار به قاضی کشد و هر دو نزد ملا به قضاوت رفتند. ملا که وضعیت را حس کرد پس از شنیدن ادعای طرفین چنین رأی داد که چون دو سهم صاحب دو ثلث سنگینی کرده باعث غرق شتر در سیل گشته است بایست سهم دیگر را بپردازد.

تعبیر خواب

ملا نزد مُعبّری رفته گفت: در خواب دیدم از پشکل شتر بورانی ساخته ام تعبیرش چیست؟ گفت: دو دینار بده تا بگویم ملا گفت: احمق اگر دو دینار داشتم بادمجان خریده بورانی می ساختم که کار به پشکل نینجامد.

قاضی شده

خر ملا گم شد ملا با تشویش بی حد در پی آن می گردید یکی به او رسید، پرسید: چرا اینقدر مشوّشی گفت: خرم گمشده آن مرد گفت: فهمیدم خری که می گویند در فلان محل قاضی شده لابد خر گمشده شما است ملا گفت: باید آن باشد زیرا هر وقت من درس می گفتم خر گوشهایش را تیز می کرد و سرش را حرکت می داد و ساکت بود. یقین داشتم که او وقتی قاضی خواهد شد. پس به عقب خر به محل نشان داده شده رفت و لگام در دست و جو در دامن وارد محضر قاضی شد و اول دامنش را نشان داد و شروع کرد به عادت خر چرانها بیا بیا کردن و کم کم جلو رفت، ریش قاضی را گرفت، لگام به دهانش گذاشت. حاضرین برخاستند و کتک مفصلی به او زدند که این چه جسارت است می نمایی. ملا گفت: تقصیر از شما نیست گناه از حاکم است که به زور خر مرا دزدیده قاضی ساخته حالا که فهمیده ام و می خواهم آنرا تصاحب کنم باید گرفتار شما مردمان نادان گردم.

غضب ملا

ملا نسبت به الاغش که خیلی در راه از تنبلی و واماندگی به او صدمه زده بود غضب نمود. پسرش را خواست و گفت به این الاغ بیکاره از حالا به بعد کاه و جو نده تا توبه کند بعد از این در راه مرا دچار اینهمه معطلی و زحمت نسازد. ولی چون از طویله بیرون رفتند به پسرش گفت: راستی نکند که خیال کنی من حقیقت گفته ام و کاه و جو الاغ را ندهی این حرف را گفتم که الاغ بترسد و زرنگ و کار کن شود تو پس از خارج شدن من آهسته کاه و جُوَش را مثل همیشه بده.

عیب عمّامه

ملا عمامه اش باز شد از بس طویل بود هر چه پیچید تمام نشد بالأخره اوقاتش تلخ شد تصمیم گرفت آنرا بفروشد و عمامه کوچکتری بخرد. به بازار برد و گفت: این عمّامه معیوب را می فروشم. پرسیدند: عیبش چیست گفت: درازی.

دهان دره

ملا ناهار به دهکده ای مهمان بود. چون به آنجا وارد شد هنوز خیلی از مهمانها نرسیده بودند و برای حاضر شدن جمع تا دو ساعت بعد از ظهر معطل شد از کثرت گرسنگی شروع به دهان دره کرد. صاحب خانه پرسید: چه چیزهایی سبب دهان دره می شود. ملا جواب داد: گرسنگی و بی خوابی ولی من خواب راحت و به قاعده کرده ام.

اگر عقلش برسد

ملا برای پسرش قبل از بلوغ زن خواست یکی از دوستانش گفت: خوب بود صبر می کردی سن و عقل پسرت زیاد می شد آن وقت برایش زن می گرفتی. ملا گفت عجب اشتباهی می کنی اگر او بالغ شود و عقلش برسد که زیر بار این حرفها نخواهد رفت.

پسر حرف شنو

ملا پسرش را نصیحت می کرد که پسر خوب باید حرف شنو باشد و نسبت به برادرش رعایت ملاطفت را بکند و در غذا و لباس و غیره او را بر خود مزیّت نهد تا همه او را دوست داشته باشند. پسر ملا گفت: بابا جان

من حرف شنو خواهم بود به شرط اینکه برادرم قسمت دوم فرمایش شما را به کار ببندد و مزیّت مرا در غذا و لباس و غیره تصدیق نماید.

طلبکار ملا

شخصی در وسط روز یقه ملا را گرفت و مطالبه طلب باقی مانده از مدتهای قبل را می نمود. ملا هر چه خواست قانعش نماید که صبر کند نشد. بالأخره نزاع کردند و کار به رجوع به قاضی رسید. پس از این که مدعی ادّعای خود را بیان نمود ملا گفت: درست است من جزئی بدهی به این شخص دارم ولی الان دو سال است که هر چه به او اصرار می کنم که سه ماه به من مهلت بدهد تا طلبش را یکجا بپردازم زیر بار نمی رود. پس اگر نتوانسته ام این وجه را بپردازم تقصیر با خود اوست.

سبب افسردگی

یکی از دوستان با حالت افسرده به خانه ملا آمد. ملا سبب افسردگی او را پرسید جواب داد: فکر قرضی که به مردم دارم و محل پرداخت آنرا ندارم مرا به حدّی افسرده ساخته که بیم هلاک من می رود. ملا گفت: عجب آدم ساده ای هستی فکر و افسردگی این قضیه مربوط به طلبکارهاست نه شما.

همه لازم است

خر ملا مرده بود ناچار خودش کوله خار را پشت گرفته بود و از بیابان به خانه می برد در اثنای راه امیری به او رسیده گفت ملا این چه حال است من خیال دارم هدیه ای به تو بدهم بگو پول می خواهی یا الاغ یا گوسفند

یا باغ. ملا گفت پول بده تا بر میان بندم و الاغ مرحمتی سوار شده گوسفندانی که لطف نموده ای پیش انداخته به باغ التفاتی ببرم و به دولت تو عمری به راحتی بگذرانم امیر را از منطق ملا خوش آمد و هر چهار به او داد.

خوراک الاغ

ملا با الاغش از صحرا می گذشت. در بین راه الاغ سرگین الاغها را می بویید ملا هم پهن ها را جمع کرد، در توبره ریخت تا به خانه رسید. شب در عوض جو توبره سرگین را به گردن الاغ بست ولی الاغ با اینکه خیلی گرسنه بود وقتی که سر به دورن توبره برد عوض جو سرگین دید با نفرت سر را عقب کشید و تقلا می کرد توبره را از گردن خود بردارد. ملا گفت: برای چه تقلا می کنی آنچه خودت پسندیدی برایت جمع کردم.

منفعت ملا

می گویند ملا گوسفندی ربود، کشت و گوشت آن را صدقه داد پرسیدند: که چرا چنین کردی گفت: ثواب صدقه با گناه دزدی برابر است در این میانه پیه و دنبه و پوست گوسفند هم منفعت ما می شود.

سر از خاک بیرون می کنند

در سالی که زمستان به حد مکفی باران و برف باریده بود در مجلسی صحبت بود که امسال بهار فرح افزا خواهد بود و هر روییدنی سر از خاک بر خواهد داشت. ملا گفت: خدا نخواهد اگر چنین شود و دو زنی که من در گورستان دفن کرده ام سر بر آورند زندگی بر من حرام خواهد شد.

قبل از عاقل شدن

از ملا پرسیدند اوّلین تأهّل خود را در چند سالگی نمودی گفت: درست نمی دانم آنوقت هنوز به عقل نرسیده بودم.

زهر خوردن

ملا در کودکی شاگرد خیاط بود. روزی استادش کاسه ای عسل به دکان برد و به ملا گفت: در این کاسه زهر است مبادا دست بزنی. ملا گفت: به آن چه کار دارم. استاد چون برای کاری از دکان بیرون رفت ملا فوراً تکه پارچه ای برداشته به دکان نانوایی رفته پارچه را داد و قطعه نانی گرفت، به دکان آمد و عسل را به تمامی با نان خورد. وقتی استاد به دکان آمد و خواست پارچه را ببرد نیافت از ملا پرسید: پارچه کجاست؟ ملا گفت راستی از هر چیز بهتر است شما که رفتید من کسل بودم خوابم برد دزدی

موقع را مغتنم شمرده پارچه را ربود چون از خواب بیدار شدم و پارچه را ندیدم از ترس اینکه بیایی و مرا بزنی زهر را برداشتم و خوردم بلکه بمیرم و از آزارت برهم. نمی دانم چه شده است که تا به حال زنده ام.

اشتهای ملا

ملا را به مهمانی طلبیده بودند. در مجلس از او پرسیدند: برای خوردن اشتها داری گفت: من در دنیا فقط همین یک چیز را دارم.

معجون طلاق

ملا بیمار بود نزد طبیب رفت گفت من سه زن دارم و مدتی است پشت و مثانه و کمرم درد می کند دوای من چیست: طبیب گفت: معجونِ طلاق.

فلسفه ملا

از ملا پرسیدند لباست چرک شده چرا نمی شویی گفت: چون دوباره چرک خواهد شد چرا زحمت بیهوده بکشم. گفتند: چه اشکال دارد دوباره خواهی شست. گفت من که برای لباس شویی خلق نشده ام کار دیگر هم دارم.

در مسجد

در خانه ملا را رندان کنده بودند ملا هم رفت در مسجد را کنده و به خانه آورد. پرسیدند چرا چنین کردی گفت: در خانه مرا دزد برده و خداوند این در دزد را می شناسد او را به من بسپارد و در خانه اش را بگیرد.

لطیفه

پسر ملا به چاه افتاده بود ملا از بالا فریاد کرد پسر جایی نروی تا من بروم طناب آورده ترا بیرون بکشم.

یونس پیغمبر

پدر ملا سه ماهی بریان شده به خانه برد. ملا خانه نبود مادرش گفت: خوبست قبل از آمدن او ماهی را بخوریم که اگر او باشد نمی گذارد به راحتی از گلوی ما پایین رود. در این بین ملا در زد مادرش دو ماهی بزرگ را زیر تخت پنهان کرد و کوچکتر از همه را در میان گذاشت. ملا از شکاف در نگاه می کرد چون وارد شد و نشست پدرش از او پرسید حکایت یونس پیغمبر را می دانی گفت از این ماهی می پرسم. پس سر را جلو برده گوش به دهان ماهی نهاده گفت: این ماهی می گوید در آن زمان من کوچک بودم این مطلب را از دو ماهی بزرگتر که زیر تخت هستند بپرس.

نوکر بادمجان

ملا منزل حاکم مهمان بود در سر شام مسمای بادمجان بسیار لذیذی آورده بودند. حاکم تعریف بادمجان را نمود ملا هم فصلی در تعریف بادمجان از احادیث و اخبار بزرگان نقل کرد. پس از ساعتی اتفاقاً دل دردی به حاکم عارض شد، گفت چه موذی و مضر است بادمجان که فوراً دل درد می آورد. ملا هم در مضرّت بادمجان شرحی بیان کرد. حاکم پرسید: تو هنوز ساعتی نگذشته که آنهمه حدیث و خبر در تعریف بادمجان

بیان کردی چه شد که حالا مضرّت آنرا شرح می دهی گفت: مـن بــرای خوش آمد تو سخن می گویم وگرنه قرابت و عداوتی با بادمجان ندارم.

اگر عقل داری

ملا الاغش را به کوه برد و بوته زیادی بار آن نمود و به شهر می آمد در اثنای راه به فکر افتاد که بوته تر هم مثل بوته خشک می سوزد یا نه برای امتحان کبریتی کشیده به بوته زد. چون باد هم می‌وزید بوته هــا شــعله ور شد. الاغ بیچاره از هول جان شروع به دویدن کرد. چون ملا هر چه تــلاش کرد به او نرسید گفت: اگر عقل داری یکسر برو به طرف استخر.

لطیفه

از ملا پرسیدند قلیه را با قاف می نویسند یا با غین گفت با گوشت.

آواز از دور

ملا در صحرا با صدای بلند آواز می خواند و می دوید عابری پرسید: ملا اگر می خوانی دویدنت چیست گفت: می گویند آواز من از دور خوشست می دوم تا آواز خود را از دور بشنوم.

قی

ملا را بیماری پدید آمد به طبیب مراجعه کرد. طبیب نبض او را گرفت و گفت: علاج تو آن است که هر روز مرغی فربه در روغن پخته با عسل و زعفران آمیخته بخوری و قی کنی. ملا گفت خدا عقلت را زیاد کند اگر کسی چنین غذایی خورده و قی کرده باشد من فی الفور آنرا می خورم.

گیوه ملا

ملا در مکان غریبی که مردمان مشکوک در آن بودند با گیوه نماز می‌خواند دزدی که طمع در گیوه او بسته بود گفت گمان دارم با گیوه نماز درست نباشد ملا ملتفت شد، گفت: اگر نماز درست نباشد گیوه درست باشد.

به زودی می شکند

ملا به پرسش حال بیماری رفته پرسید: بیماریت چیست گفت: تب شدیدی داشتم و گردنم سخت درد می کند. شکر خدا را که تب دو روز است شکسته اما گردنم هنوز درد دارد. ملا گفت غصه نخور دعا می کنم آنهم همین دو روزه بشکند.

بوی مسهل

ملا به عیادت بیماری رفته بود پرسید: امروز چه دوایی داشتی گفت: دوای مسهل گفت: دانستم چون بوی گندش از دهانت می آید.

هضم شده

شخصی نزد ملا رفت و گفت: من هر چه می خورم نمی توانم هضم کنم. تکلیف چیست گفت: هضم شده بخور.

دندان ملا

دندان ملا درد می کرد نزد دندان ساز رفت و گفت: دندان مرا بکش. گفت دو دینار بده ملا گفت: یک دینار بیشتر نمی دهم دندان ساز قبول نکرد. ملا ناچار شد دو دینار داد پس دندانی که درد نمی کرد به او نشان داد چون آن را کشید گفت سهو کردم دندانی که درد می کرد دیگریست آن را هم کشید. ملا گفت خواستی از من پول زیاد بگیری اما من از تو زرنگ تر بودم ترا گول زد کاری کردم که به همان یک دینار تمام شد.

کار ملا

ملا فصل تابستان از عتبات برگشته بود شخصی که به دیدنش رفته بود از او پرسید در بغداد روزها چه می کردی گفت: عرق.

نیافتم

دزدی به خانه ملا آمده عقب مالی می گشت که برباید. ملا برخاست و گفت: آنچه تو در شب تاریک می جویی ما در روز روشن جسته نیافتیم.

موش

شخصی نزد ملا آمد و شکایت کرد که پنجاه من گندم داشتم. تا خبر شدم موشها آن را تمام کرده بودند. ملا گفت: غصه نخور منهم پنجاه من گندم داشتم تا موشها خبر شدند خودم آنرا تمام کرده بودم.

قرض ملا

الاغ ملا ضعیف شده بود گفتند چرا به حیوان جو نمی دهی گفت: هر شب دو من جو جیره دارد گفتند: پس چرا این قدر ضعیف شده گفت: جیره یکماهش را طلبکار است.

گزیدن سگ

ملا را سگی گزید گفتند اگر می خواهی زود خوب شود تریدی به آن سگ بخوران گفت: اگر چنین کنم همه سگها مرا خواهند گزید.

احسنت

ملا با حاکم و جمعی به شکار رفته بود. آهویی پدیدار شد. حاکم تیر انداخت ولی به شکار نخورد. ملا گفت: احسنت حاکم برآشفت که مرا مسخره می کنی. ملا گفت خیر احسنت را به آهو گفتم.

خوراک کبوتر

شخصی ماست خورد قدری به ریشش چکید. ملا از او پرسید چه خورده ای گفت کبوتر. گفت: دانستم پرسید از کجا گفت از فضله اش که بر ریشت نمودار بود.

ملا و غربال

ملا خواست از طاقچه چیزی بردارد. غربالی پر از پیاز به سرش خورد، درد آورد. ملا غضبناک شد غربال را برداشت و به شدت بر زمین زد. غربال از زمین جست و به پیشانیش خورد. خون روان شد. ملا از مطبخ کارد بلندی آورد و گفت: حالا غربال جرئت دارد جلوم بیاید تا شکمش را بدرم.

فضایل پشت گردنی

ملا در موعظه می گفت از فضایل پشت گردنی این که حُسن خلق آرد و خمار از سر بدر کند. بد رامان را رام و تُرُش رویان را منبسط نماید دیگران را می خنداند خواب از چشم می رباید و رگهای گردن را استوار می سازد.

وعظ ملا

ملا در وعظ می گفت هشیار در میان مستان مانند زنده در میان مردگان است نُقلشان را می خورد و به عقلشان می خندد.

مرده زنده کردن

ملا به دهی رسید خیلی گرسنه بود از خانه صدای فریاد و شیون شنید. درون رفت کسی مرده بود ملا گفت: اگر غذای مناسبی به من بدهید مرده شما را زنده خواهم کرد. کسان مرده با عجله هر چه در خانه داشتند نزد ملا حاضر آوردند. ملا غذای کاملی خورد و چون سیر شد گفت مرا به بالین مرده برید. چون آنجا رفت و مرده را دید گفت: این شخص چه کاره بود گفتند جولا گفت: پس چرا زودتر نگفتید هر کس دیگر بود من می توانستم زنده اش نمایم اما بیچاره جولا چون مرد دیگر زنده نخواهد شد.

طبابت

ملا گرسنه وارد دهی شد شنید کدخدا بیمار است گفت من طبیبم او را به بالین کدخدا بردند دید در خانه مشغول نان پختنند. گفت مقداری کره و عسل با نان تازه بیاورید چون آوردند آنرا خورد و در حق بیمار دعا کرد و از آنجا بیرون آمد و گفت امروز به دعا صرف شد فردا دوا خواهم داد. اتفاقاً بیرون آمدن او با مرگ بیمار برابر بود پرسیدند این چه قسم معالجه بود که به این زودی اثر معکوس بخشید گفت: هیچ نگویید که اگر این معالجه را نمی کردم خودم از گرسنگی مرده بودم.

جای مرده

جنازه ای را از کوچه عبور می دادند. ملا با پسرش ایستاده بود. پسرش پرسید بابا در این صندوق چیست گفت: آدم. پرسید کجایش می برند جواب داد جایی که نه خوردنی باشد و نه نوشیدنی نه نان نه آب نه هیزم نه آتش نه زر نه سیم نه بوریا نه گلیم. گفت پس بابا درست بگو به خانه ما می برند.

دوستی نسیه

از ملا پرسیدند چه کس را بیش از همه دوست می داری گفت: کسی که شکمم را سیر کند. شخصی گفت من سیرت خواهم کرد آنوقت مرا دوست خواهی داشت گفت دوستی نسیه نمی شود.

صدق مرید

ملا بر منبر وعظ می کرد زنی سخت گریست. ملا گفت ای جماعت صدق را از این زن بیاموزید که چنین گریه به سوز می کند زن برخاست و گفت: ای ملا بُزکی سرخ داشتم که ریشش به ریش تو شبیه بود دو روز پیش سَقط شد حالا تو که ریش را می جنبانی یاد بُزَم افتادم و گریه بر من مستولی شد.

لطیفه

شخصی از ملا پرسید کبک را چطور کباب می کنند گفت: هر وقت حاضر کردی نشانت خواهم داد.

سرد تر

از ملا پرسیدند: یخ این شهر سرد تر است یا شهرهای دیگر گفت: سؤال سرکار از هر دو سرد تر است.

درد ریش

شخصی نزد ملا آمد از درد ریش شکایت کرد پرسید: چه خورده ای گفت: نان و یخ گفت: برو بمیر که نه دردت به آدمیزاد می ماند و نه خوراکت.

قیمت حلوا

ملا با پسرش به دکان حلوا فروش رفت و حلوایی خرید و به پسر داد که به خانه برد و خود مشغول دیدن سایر حلویات شد. پس از اطمینان از دور شدن پسر رو به حلوایی کرد و گفت: اگر کسی از شما حلوا بخرد و پول نداشته باشد به او چه خواهید کرد گفت: اردنگی به او زده بیرونش می کنیم. ملا گفت: پس بی معطلی به من اردنگی بزنید. صاحب دکان اردنگی به او زد و خواست بیرونش کند. ملاگفت: اگر به این قیمت می دهید یک جور دیگر هم حلوا بردارم.

دعای مؤثّر

ماده خر ملا کرّه زایید و مرد. ناچار شیر گاو را به کرّه خر می دادند و خانواده ملا را از شیر آن بهره ای نبود. ملا به تنگ آمد و دعا کرد که خدایا کرّه خر را هم مرگ بده که اقلاً شیر گاو را خودمان بخوریم. روز

دیگر صبح که از خواب برخاست دید گاوش مرده با کمال خشم رو به آسمان کرد و گفت: خدایا هنوز خر و گاو را از هم فرق نداده ای.

دستور فوری

ملا وارد دهی شد، دید چند نفر نشسته اند گفت فوراً برای من غذا بیاورید والا کاری که با ده همسایه کردم با شما هم خواهم نمود. دهاتی های ساده به عجله غذای گوارایی برایش حاضر کردند. پس از طرف غذا از ملا پرسیدند با ده همسایه چه کردی گفت: آنجا غذا خواستم ندادند من هم فوراً راه افتادم و به این ده آمدم اگر شما هم نمی دادید به ده دیگری می رفتم.

هوش زن ملا

زن ملا از او پرسید: دزد چطور به خانه انسان می آید؟ ملا گفت: کف پاهای خود را نمد پیچ میکند و طوری راه می رود که صدای پایش شنیده نشود. شبی زن ملا خوابش نبرد نیمه شب با عجله ملا را بیدار کرد ملا پرسید: چه خبر است گفت گمان دارم دزد آمده گفت: از کجا می گویی جواب داد: مدتیست بیدارم هر چه گوش دادم صدایی نشنیدم یعقین کردم دزد آمده.

عقل دهقان

ملا از دهقانی پرسید اگر کنار رودخانه بخواهی غسل کنی چه می کنی گفت رختم را می کنم و در آب فرو می روم ملا گفت: بهتر این است که

رو به قبله به ایستی و غسل کنی. دهاتی گفت ابداً چنین کاری نمی کـنم، رو به لباسهایم می ایستم که مبادا دزدی آنها را برباید.

قضاوت ملا

دو نفر پولی جستند، بر سر آن نزاع می کردنـد مـلا از نزدیکـشان مـی گذشت شکایت به او کردند. گفت قسم بخورید که هـر چـه مـن بکـنم اعتراض نکنید تا قضاوت کنم. هر دو قسم خوردند ملا پول را برداشـت و گفت عجالتاً من به این پول از هر دو شما مستحق ترم هر وقـت گـشایش در کارم پیدا شد آنرا بین شما دو نفر تقسیم خواهم کرد.

به من چه

شخصی به ملا گفت همسایه ات عروسی دارد گفت به مـن چـه گفـت: مذاکره بود یک سینی شیرینی برایت بفرستد گفت: به شما چه.

گریه و خنده

جمعی در بیابان قطب نمایی پیدا کردند و نزد ملا آوردند کـه خاصـیت آن را بفهمند. ملا شروع کرد به های هـای گریـه کـردن بعـد بلافاصـله خندید. پرسیدند سبب گریه و خنده ات چه بود جواب داد گریـه ام بـرای اینست که شما چه اندازه احمق هستید که نمی دانید چیز به این کـوچکی چیست و خنده ام برای اینست که چون دقّت کردم دیدم خودم هـم نمـی دانم.

گوش دادن به حرف

عادت پسر ملا این بود که هر چه به او دستور می دادند عکس آنرا انجام می داد. ملا موضوع را می دانست. هر وقت می خواست او را به کاری وادارد عکس آنرا سفارش می نمود. روزی با هم به آسیا رفتند و بار آردی حمل الاغ کردند و به شهر می آمدند. ملا از روی پل رفت و پسرش با الاغ از میان رودخانه. ملا به او گفت در بین راه باید کاری کنی که حتماً بار به رودخانه بیفتد و همین طور که می‌رفتند ملا نگاه کرد، دید بار کج شده و دارد به آب می افتد. فریاد کرد پسر جان بار به طرف چپ کج شده تو آنرا از طرف راست بلند کن پسر گفت پدر جان تا به حال همه حرفهای شما را به عکس عمل کردم اما توبه کرده ام بعد از این چنین نکنم و از حالا شروع به حرف شنوی می کنم. پس بار را بلند کرده میان رودخانه انداخت.

کله گوسفند

ملا گوسفندی در کنار رودخانه سر می برید. کاردش کند بود مدتی معطل شد و در آخر فشار سختی به گردن حیوان داد به طوری که کله جدا شد و به رودخانه افتاد. ملا دسته علفی کند و در عقب کله راه افتاد، می گفت: بیا بیا بو،بو، ولی آب کله را برد ملا که موفق به گرفتن آن نشد متغیرانه گفت: حالا که گوش به حرف من نمیدهی برو تا دنده ات نرم شود و گرگ بخوردت.

دوای مؤثّر

ملا نزد طبیب رفته نبضش را نشان داد و گفت: تشخیص می دهی چه مرضی دارم. طبیب گفت مرضت گرسنگی است حالا هم ظهر است بفرما با هم غذا بخوریم. پس از دست کشیدن از غذا ملا که خواست از نزد طبیب بیرون رود گفت: در خانه ما چند نفر مبتلا به این مرض هستند چون شما به این زودی معالجه فرمودید همه را خدمتتان خواهم فرستاد.

پسر ملا

پسر ملا به مرد محترمی بدگویی کرد ملا وقتی شنید برای عذر خواهی نزد آن شخص رفت و گفت: هر چه باشد او به جای پسر شماست و خر است. خوبست او را ببخشید و از او کینه ای به دل نگیرید.

زرنگی ملا

ملا شب با چهار نفر مشغول آبیاری بود. شام را با هم صرف می کردند ناگهان باد وزید و چراغ را خاموش کرد. قرار گذاشتند یک نفر برای

آوردن چراغ برود و دیگران دست به غذا نزنند تا او بیاید و بـرای اینکـه معلوم شود که کسی غذا نمی خورد دستهای خود را به هم بزنند. ملا یک دست خود را روی زانویش زد و با دست دیگر به خوردن مشغول شد وقتی چراغ را آوردند قسمت عمده غذا خورده شده بود و هر یـک گنـاه را بـه گردن دیگری گذاشت و ملا صدایش بیرون نیامد.

حاضر جوابی

ملا الاغش را در بیابان به شدت می زد. عابری گفت: مرد بیرحم حیـوان زبان بسته را چرا به این شدّت می زنی ملا از زدن دست برداشت و گفت: ببخشید آقا نمی دانستم با شما خویشی دارد.

مهمان ناخوانده

ملا را به مجلس عقدی دعوت نکرده بودنـد. بـه موقـع خـود را رسـانید پرسیدند تو که دعوت نداشتی چرا آمدی ملا گفت: اگر صاحب خانه نفهم بوده و تکلیف خود را نداند منکه نباید از وظیفه خود غافل باشم.

غرفه بهشتی

روز پنجشنبه واعظی روی منبر روایت می کرد که هر کس شب جمعـه با عیال خود نزدیکی کند در بهشت غرفه مخصوصی برای او سـاخته مـی شود. زن ملا که تفصیل را شنید همان شب برای ملا نقـل کـرد و هـوس غرفه بهشتی نمود. پس از آنکه غرفه ساخته شد خانم گفت: آن غرفه مـال تو غرفه ای هم برای من بساز. ملا که نمی توانست گفت: در بهـشت هـم مثل دنیا زن و شوهر باید در یک منزل زندگی کنند.

قهر بی موقع

ملا با سه نفر از رفقا در صحرا برای ناهار شیر تهیه کردند و می خواستند بخورند ملا با دو نفر دیگر نان خورد می کردند و در شیر می ریختند ولی رفیق سوّم تند تند با قاشق مشغول خوردن بود بالأخره ملا غضبناک شد و ملاقه ای که دستش بود به سر او زد. اتفاقاً از صدمه ضربت ملاقه آن شخص بی حرکت بر زمین افتاد ملا به روی او نگاه کرد و گفت: نان که خورد نمی کنی از خوردن هم که دست بر نمی‌داری دستت هم که می زنند قهر می کنی.

عربی دانستن ملا

از ملا پرسیدند: به عربی آش سرد شده را چه می گویند. ملا نمی دانست گفت: عربها هیچ وقت آش را نمی گذارند سرد شود.

خواب ملا

ملا به خواب دید گنجی یافته بر دوش می برد و از سنگینی آن شلوارش را نجس کرده از خواب که برخاست زنش داد و بیداد راه انداخت که مرد حسابی خجالت نمی کشی سر پیری مثل بچّه های دو ساله شلوارت را کثیف می کنی؟ گفت: ضعیفه اگر همه خوابم راست در آمده بود حالا دست و پایم را می بوسیدی چکنم که نصفش بیشتر راست نشد.

ارّه بی دندان

روزی اهل ده چاقویی پیدا کردند و نزد ملا آورده پرسیدند چیست. ملا گفت: این ارّه است که هنوز دندانهایش در نیامده.

خاطره ملا

شخصی به ملا گفت انگشترت را به من ده تا هر وقت آنرا ببینم به یاد تو بیفتم ملا گفت: نمی دهم و تو هم هر وقت انگشتت را نگاه کردی یاد بیاور که انگشتر را از من خواستی و ندادم.

آوازه خوانی

پسر ملا در شب آواز می خواند. همسایه از بام سر بر آورد و گفت موقع خوابست دیگر آواز نخوان. ملا گفت: عجب مردمان پر رویی هستید شب و روز سگهای شما عوعو می کنند یک دفعه اعتراض نکردم شما نتوانستید چند دقیقه آواز خواندن پسر مرا تحمل کنید.

سبب گریه ملا

ملا در عقب جنازه یکی از متمولین به آواز بلند گریه می کرد. یکی از مشایعین او را تسلیت داد و پرسید: مرحوم با شما منسوب بود ملا گفت: نه سب گریه من هم همین است که هیچ نسبتی با او ندارم.

عقل ملا

پسر ملا کنار رودخانه ایستاده بود ونان می خورد. تکه ای از نانش به رودخانه افتاد. نگاه کرد، عکس خود را که نان در دهان داشت در رودخانه دید. نزد ملا رفت و گفت یک بچه در رودخانه نان مرا گرفت. ملا گفت صبر کن می روم از او می گیرم چون به کنار رود رفت عکس خود را در آب دید، گفت: احمق با این ریش بلندت خجالت نکشیدی نان بچه مرا گرفتی.

سفارش زن

ملا به یکی از آشنایان می گفت: امروز بلایی به سرم آمده دستمال خود را گم کردم. آشنایش گفت یک دستمال اهمیتی ندارد ملا گفت دستمال اهمیت ندارد اما زنم سفارش کرده بود و من به گوشه دستمال گره زده بودم که فراموش نکنم حالا که دستمال گمشده سفارش زنم را چطور به خاطر بیاوردم.

مقابله به مثل

همسایه ملا پیش او آمد و گفت: سگ شما امروز پای عیالم را گاز گرفت، زخم کرد باید جبران کنید. ملا گفت: چیزی که عوض دارد گله ندارد شما هم سگتان را بفرستید پای عیال مرا گاز بگیرد.

دم شغال

ملا و پسرش به شکار رفته بودند. اتفاقاً لانه شغالی کشف نمودند که شغال توی لانه ولی دمش بیرون مانده بود. ملا دم شغالرا دو دستی چسبیده خواست او را بیرون کشد ولی شغال با چنگال زمین را به شدّت می خراشید که از چنگ او خلاص شود و ضمناً خاک و خاشاک به سر و صورت ملا می پاشید. پسر ملا پرسید: این گرد و غبار چیست ملا جواب داد: حرف نزن که اگر دم شغال گسیخته شود بدتر از اینش را خواهیم دید.

تنبلی عجیب

ملا و زنش در باب بستن در خانه نزاع کردند و قرار گذاشتند هر کس اول حرف بزند این کار به عهده او باشد. اتفاقاً گدایی دست به در خانه زد و چون آن را باز دید وارد خانه شد ملا و زنش را دید که سر سفره ناهارند ولی تعجب کرد که او را دیده هیچ نگفتند. پس نزدیک آنها سر سفره نشست و مشغول صرف غذا شد باز هم زن و شوهر چیزی نگفتند. گدا که این وضع را دید پس از سیر شدن به عنوان تمسخر قطعه استخوانی برداشت با ریسمان به گردن ملا آویخت و رفت در این بین سگی وارد خانه شد، استخوان را به گردن ملا دید و به طرف آن پرید و به دندان گرفت، خواست بیرون ببرد. ملا هم که بند استخوان مانند افسار به گردنش آویخته

بود از ترس اینکه مبادا حرف بزند مجبور شد دنبال سگ برود. در موقعی که از در خانه بیرون می رفت ناگهان زنش فریاد زد: در را ببند و برو. از شنیدن این حرف ملا جانی گرفت، اول سگ را زد و بیرون کرد و بعد برگشت به زنش گفت پاشو خودت در را ببند و بعد از این مرا در این باب به زحمت مینداز.

طمع ملا

پس از مرگ زن، ملا چند نفر از همسایه ها را جمع آورد و خواهش کرد زنی برای او بگیرند که دارای ۴ صفت باشد: دختر،پولدار،خوشگل و خوش اخلاق. یکی از زنان همسایه گفت ملا صفاتی که شما می خواهید در یک زن جمع نمی شود. خوبست اجازه دهید چهار زن برای شما بگیریم که هر کی دارای یکی از این صفات باشند. ملا جواب داد: اگرچه من خیلی علاقه داشتم که چهار صفت در یک زن جمع باشد لیکن حالا که شما صلاح می دانید مانعی ندارد چهار زن تهیه کنید ولی سعی کنید هر یک در صفت خود بی نظیر باشد.

دختر عموی ملا

دختر عموی ملا نامزد او بود اتفاقاً شوهر متمولی نصیبش شد. ملا را جواب کرد، ولی پس از سه سال شوهرش به مرض سکته دنیا را وداع گفت ملا که برای تسلیت نزد او رفته بود گفت: خدا را شکر که ترا به من ندادند و الا امروز سرنوشت شوهر ترا من باید تحمل کرده باشم. دختر عمو که انتظار داشت ملا با اطلاع بر ثروتی که به او رسیده خیلی بیش از این مهربان باشد از گفتار او رنجید و دیگر به منزل خود راهش نداد.

اشتباه در موعظه

قاضی شهر و یکی از تجار با ملا در مجلسی دعوت داشتند. در اثنای راه که ملا در وسط و قاضی و تاجر دو طرف او می رفتند. قاضی به شوخی پرسید هیچ در موقع وعظ روی منبر اشتباه می نمایی گفت بلی روزی ماست خورده بودم در منبر خواستم بگویم «قاضیا فی النار» گفتم «قاضی فی النار» و همچنین آیه «ان الفجار لفی حجیم» را «ان التجار لفی جحیم» گفتم قاضی برآشفت و گفت تو که به قدر گاو شعور نداری می خواهی مزور ترین مردم را دست بیندازی ملا با دست اشاره به او کرد و گفت نه مزور هستم و با دست دیگر تاجر را نشان داد و گفت: نه گاو بلکه ما بین آندو راه می روم.

خواب راحت

خانه ملا آتش گرفت و در نتیجه عیالش تلف شد. یکی از دوستان که برای تسلیت آمده بود پرسید ملا هیچ راهی برای رهایی عیالتان نداشتید گفت: چرا ولی چون تازه به خواب ناز رفته بود حیفم آمد خوابش را حرام نمایم.

خبردار

ملا از کوچه ای می گذشت حمّالی که تیر می برد از عقب او رسید و بدون صدا به پشت ملا زد آنوقت فریاد زد خبردار. ملا با این که خیلی دردش آمد حرفی نزد ولی او را در نظر داشت. پس از سه روز حمال را دید که بار گرانی بر دوش دارد و از کوچه ای می گذرد. عصای خود را به سرش کوفت و گفت: خبردار.

مهلت

شخصی از ملا خواهش کرد صد دینار به او قرض بدهد به مهلت یک ماه. ملا گفت: نصف خواهش تو را می توانم بپذیرم. طرف گمان کرد پنجاه دینار خواهد داد گفت: عیبی ندارد پنجاه دینار هم کار صورت می دهد. ملا گفت: اشتباه نکن نصف خواهشت را که می توانم بپذیرم دادن مهلت است که در آن قسمت سخاوت زیاد به خرج میدهم و عوض یک ماه تا ده سال می توانم مهلت بدهم ولی پول ندارم قرضت را بدهم.

کرامت

شیخی نزد ملا آمده ادعای کرامت کرد، می گفت: می توانم لال مادرزاد را به نطق بیاورم. مثلا اگر عیال یا اولاد شما زبان نداشته باشد من او را گویا می کنم. ملا گفت: ای شیخ اگر می خواهی به کرامت تو ایمان بیاورم زبان دراز زن مرا قطع کن تا فی الفور دستت را بوسیده مرید همیشگیت گردم.

زندگانی بی جهت

ملا به شخصی گفت: خبر داری که فلان رفیقمان از دنیا رفت. رفیقش گفت: نه سبب مرگش چه بود ملا گفت: آن بیچاره علت زندگیش معلوم نبود تا چه رسد به مرگش.

درد دندان

ملا دستمالی به صورت بسته بود و در کوچه می گذشت. شخصی به او رسید و گفت: خدا بد ندهد ملا گفت بلا نبینی درد دندان چهار روز است مرا دارد می کشد. آن شخص گفت اگر دندان تو در دهان من بود تا به حال صد دفعه او را کشیده بودم. ملا گفت: بلی اگر در دهان تو بود منهم می کشیدم.

قوزی حاضر جواب

ملا قوزپشتی را دید، خواست سر به سرش گذارد. دست به پشت او زد و پرسید: عمو این تنبک را چند می فروشی قوزی صدایی از عقب خارج کرد و گفت: قیمت تنبک را از صدای آن معلوم می نمایند.

تأثیر حشیش

ملا شنید هر کس حشیش بکشد زیاد کیف می برد. مقداری حشیش از عطار خرید و به حمام رفت و در آنجا حشیش را کشید و داخل حمام شد. پس از مدتی دید کیفی برایش دست نداد فکر کرد: شاید عطار تقلب کرده چیز دیگری به جای حشیش به او داده پس همان طور لخت از حمام خارج شد در بین راه جمعی به او برخوردند سبب لخت بیرون آمدنش را پرسیدند. موضوع را برای همه تعریف کرد و آنها از خنده روده بر شدند تا به این ترتیب به دکان عطار رسید. عطار که ملا را به آن شکل دید گفت ملا خیر است. جواب داد متقلّب من از تو حشیش خواستم که کیف کنم تو چیزی به من دادی که اثر ندارد. عطار گفت: بهترین تأثیر آن لخت بیرون آمدن توست از حمام.

مرض خستگی

ملا با رفیقش از شهر خارج شد، به شهر دیگری می رفتند. هنوز نیم فرسخ نرفته بودند که ملا از الاغ فرود آمد و گفت خسته شدم خوبست از ده روبرو فکر ناهاری بکنیم. رفیقش گفت تو برو گوشت بخر بیاور تا من بپزم. ملا گفت من خسته ام این زحمت را خودت بکش. رفیق ملا رفت گوشت خرید و آورد و ملا را که خوابیده بود صدا کرد و گفت: من گوشت آوردم برخیز آتش روشن کن و آنرا کباب کن. ملا گفت من خسته ام بعلاوه کباب پختن هم بلد نیستم. رفیقش کباب را پخت و گفت لااقل برخیز از چشمه آب بیاور ملا گفت: من هر چه می گویم خسته ام باور نمی کنی این زحمت را هم خودت بکش. رفیقش آب هم آورد آنوقت ملا را صدا کرد و گفت: پاشو غذا بخور ملا گفت: چند تکلیفت را از خستگی رد کرده ام دیگر خجالت می کشم این یکی را هم عذر بخواهم پس برخاست و با عجله تمام به خوردن پرداخت.

سخاوت ملا

پسر ملا نزد او آمد و گفت: دیشب خواب دیدم که شما یک دینار به من انعام دادید. ملا گفت: بله چون پسر خوبی شده ای یک دیناری که در خواب بتو بخشیدم از تو پس نمی گیرم.

سن زن ملا

ملا از زنش پرسید: تو چطور سن خودت را نمی دانی؟ زن گفت: من همه اسباب خانه را مراقبم و هر روز می‌شمرم برای این که مبادا دزد آید و چیزی ببرد اما سنّم را کسی نمی برد که هر روز بشمرم.

انگشتر بی نگین

امیری انگشتری بی نگین به ملا هدیه کرد. ملا در عوض دعا کرد که خدا در بهشت خانه بی سقف به او عنایت فرماید. امیر پرسید: چرا بی سقف گفت هر وقت نگین انگشتر رسید سقف خانه هم ساخته خواهد شد.

میخ در دیوار

ملا خانه خود را فروخت و در ضمن عقد شرط کرد که در قباله قید شود یک میخ که بر دیوار اتاق پنجدری کوبیده شده مال ملا است و مالک جدید خانه را بر آن حقّی نیست و ملا می تواند از آن میخ همه قسم استفاده کند. خریدار که ملا را مرد احمق و شوخی می پنداشت به این شرط رضا داد و در قباله قید شد. چند سال گذشت و ملا از میخ یاد نکرد تا روزی که صاحب خانه برای پسرش عروسی نمود و ولیمه ای در خانه ترتیب داده بود. در خانه را زدند و ملا در حالی که لاشه متعفّن خری را به طناب بسته بود و در عقبش می کشید وارد گردید. حاضرین مبهوت و صاحب خانه متغیر گردید و شروع به داد و فریاد کرد. ملا گفت الاغم سقط شده آورده ام به میخی که در این خانه دارم بیاویزم و پوستش را بکنم شما حق گله و تغیر ندارید به قباله خانه که خریده اید رجوع کنید اگر حق نداشتم راهم ندهید. صاحب خانه برای حفظ آبرو در صدد برآمد به هر وسیله است راه حلّی پیدا کند بالأخره پس از صرف شیرینی و دادن اضافه از نصف قیمت اصل خانه میخ را از ملا خریداری کرد.

بخشش ملا

ملا شلوار پاره و کثیفی را به فقیری بخشید و گفت: این یادگار پدر مرحوم من بود که خیلی او را عزیز داشتم ولی برای این که خدا عوض آن را صد مقابل به من بدهد آن را به شما می بخشم. فقیر نگاهی به لکه ها و وصله ها و سوراخهای شلوار کرد و گفت: خدا بیامرزدش، زود به یاد رفتن بهشت افتاد که هنوز چند سال دیگر می توانست با این شلوار زندگی کند. شما هم اگر به جای این یادگار نفیس یک دینار به من می دادید هم یادگار پدرتان به جا می ماند و هم مرا بیشتر خوشحال می کرد.

گاو ملا

در موقع شخم چرم گاو آهن پاره شد. ملا عمامه را باز کرد و به جای چرم بست. معلوم است هنوز دور اوّل طی نشده پاره شد. پس ملا چوب را کشید، گاو را زد و گفت راستی چقدر گاو هستی ندانستی چلوار دوام چرم را ندارد چرا به عجله رفتی که به این زودی پاره شود.

بخشش فوق العاده

ملا مریض بود آخوندی را طلبید و وصیّت کرد که هزار دینار به آخوند محلّه و پانصد دینار به فقرای محل و پانصد دینار برای تعمیر مسجد و مقداری به زن و بچّه و به همسایه ها حتّی کسبه سر گذر از مایملک او سهم بدهند. آخوند که گمان چنین ثروتی به ملا نداشت با تعجّب پرسید: معلوم می شود پول نقدی چال کرده ای. ملا گفت: پولی در بساط نیست خواستم وقتی وصیّت نامه مرا می خوانند نگویند لئیم بود.

صرفه جویی ملا

ملا زنش را به رختشویی به خانه همسایه فرستاد و زن رختشویی را اجیر کرد که رختهای خودشان را بشوید. پرسیدند چرا چنین می کنی. گفت: زنم زحمت کشیده پول تهیه می کند و اجرت رخت شو را می پردازد از این راه آقاییمان بجاست و صرفه جویی هم در زندگی می کنیم.

نتیجه زشتی

ملا با زن زشت خود نزاع کرده بود، خوابید. زن آیینه را برداشت، روی خود را نگریست و به تصوّر این که ملا خواب است درد دل کنان می گفت: اگر خوشرو بودم این اندازه رنج نمیکشیدم و از شوهرم نامهربانی نمی دیدم و آهسته گریه می کرد. ملا که این حال را دید شروع کرد به های های گریه کردن زن برخاست و گفت ملا شما را چه می شود گفت: به حال زار خود گریه می کنم زیرا تو یک دفعه صورت خود را در آیینه دیدی به گریه افتادی من که چند وقت است مرتب تو را می بینم و معلوم نیست تا کی هم باید ترا ببینم چطور به روزگار خود گریه نکنم.

تأسّف ملا

ملا در کنار استخری ایستاده بود، آه می کشید. یکی از دوستان سبب آه کشیدنش را پرسید گفت: مگر نمی دانی زن اوّل من در این استخر غرق شد گفت حالا که زن خوشگل و دارایی نصیبت شده دیگر چه غم داری گفت برای همین آه می کشم که او میل به آب تنی ندارد.

ملا و خرس

ملا در جنگل برای هیزم کندن رفته بود. از دور دید خرسی می آید ترسید، از درخت گلابی بالا رفت و منتظر شد که خرس رد شود و او فرود آید. اتفاقاً خرس که به آنجا رسید برای چیدن گلابی از درخت بالا رفت. ملا از ترس هر شاخه که او بالا می آمد به شاخه بالاتر می رفت ولی خرس به چیدن گلابی و خوردن مشغول بوده توجّهی به او نداشت. یک مرتبه گلابی چید و با دست بلند کرد. ملا تصوّر کرد که به او تعارف می نماید فریاد کرد: نمی خورم خرس که ملتفت نبود از شنیدن صدای بی سابقه ترسید و از درخت به پایین افتاد و مرد. ملا را هم ترس نگذاشت از درخت پایین آید شب شد و تا صبح برفراز درخت ماند. صبح از درخت پایین آمد و جسد خرس را دید و پوست آن را کند و به شهر برد. مردم که تصوّر می کردند ملا به شکار خرس رفته و موفق گردیده هر یک به

نوعی شجاعت او را توصیف می نمودند او هم ظاهراً به روی خود نیاورد و باد می کرد ولی در باطن به ریش آنها می خندید.

محبّت ملا

موقعی زن ملا در خواب شروع کرد به لگد انداختن و ناله کـردن. ملا بیدار شد، زن را هم بیدار نمود و پرسید چه مرض گرفته بودی. زن گفت: خواب آشفته و بدی دیدم و این قسم به صدمه افتادم. پرسید چه خواب می دیدی گفت: خواب دیدم ناگهان از بلندی پرت شـدم و بـدنم سـرد شـد. اطرافیان جمع شدند جنازه ام را برداشتند و به قبرستانم بردند و گورکن قبر کند. داشتند در قبرم می گذاشتند که بیدارم کردید. ملا به سـر خـود زد و گفت: عجب احمقی بودم من که در این وقت بیدارت کردم.

دعوت ملا

ملا نزد زنش آمد و گفت: زود تهیّه ناهار ببین امـروز مهمـان دارم. زن گفت: آخر با نداشتن هیچ وسیله در منزل و با بیماری بچه ها و با این کـه می دانی من امروز باید حمام بروم و مادرم را گفته ام ناهار اینجا بیاید کـه بچه ها را نگاهدارد چه وقت مهمان وعده گرفتن بـود. مـلا گفـت: بـرای همین مهمان دعوت کردم تا بفهمد زن و بچّه و مادر زن و ناخوشی آنهـا چه قدر لذّت دارد چون احمق به فکر زن گرفتن افتاده.

فتوای حاکم

ملا نزد حاکم رفت و گفت: خیال دارم به زیارت خانه خدا بروم گفـت: چه اشکالی دارد انشاءالله مبارک است گفت: اشکال در این است که پـول

ندارم. حاکم گفت: اگر پول نداری شرعاً حج بر تو واجب نیست ملا گفت: من از شما پول خواستم نه فتوی.

همسایه فضول

ملا می خواست باغی بخرد صاحب باغ مجاور هم همراه او آمد و مرتب از هوا و صفا و آب و گل باغ تعریف می کرد ملا گفت: چرا عیب بزرگ باغ را نمی گویی پرسید: عیبش چیست گفت: داشتن همسایه فضول.

عذر صحیح

ملا به خانه یکی از اعیان رفت نوکرش گفت آقا خانه نیست. اتفاقاً آن شخص کاری با ملا پیدا کرد و روز بعد به خانه ملا رفت. ملا او را دید از پشت در گفت: من خانه نیستم مهمان گفت: چرا شوخی می کنی صدای خودت است ملا گفت: خودت شوخی می کنی من حرف نوکر بی قابلیت ترا دیروز باور کردم امروز تو حرف خودم را باور نمی کنی.

دیزی ملا

ملا دیزی مستعملی به بازار برد که بفروشد چون سوراخ بود طالبی پیدا نکرد. یکی گفت این دیزی میانش که چیزی بند نمی شود کی می خرد. ملا متعیرانه گفت: زن من این دیزی را پر از پنبه کرد یک ذره آن نریخت چطور تو می گویی در آن چیزی بند نمی شود.

خدایی ملا

ملا عمامه بزرگی به سر گذاشت به حضور حاکم جدید الورود رفت و بدون مقدمه گفت: ببخشید این چیزی که بر سر دارم شب کلاه است و عمامه مرا به چهل الاغ بار کرده و می آورند. حاکم از این هیکل و این مقدمه تعجب کرده پرسید: تو کیستی گفت: خدای زمین حاکم خندید و گفت: معجز هم می توانی بکنی گفت: البته حاکم دو سه نفر غلامان مغولی همراه داشت که دارای چشم های ریز و ریش کوسه بودند گفت می توانی چشم اینها را درشت و ریششان را توپی نمایی. ملا نگاهی به آنها کرد و گفت: من گفتم خدای زمینم چشم و قسمت علیای بدن مربوط به خدای آسمان است اگر اجازه می دهید اسافل اعضاء که مربوط به من است می توانم گشاد کنم حاکم خندید، انعامی به او داد که خدایی خود را نشان ندهد.

خدایی ملا

غلام سیاه پُر طمعی روزی در پایین گلدسته مسجد که اتفاقاً ملا در آن مناجات می کرد ناگهان پرسید: خدایا هزار سال در نظر تو چقدر است. ملا گفت: ای بنده من حکم یک ثانیه دارد. باز غلام پرسید ده هزار دینار در نظرت چقدر است ملا گفت ای بنده من مانند یک دینار. غلام گفت: پس این یک دینار را به من عطا فرما. ملا جواب داد: یک ثانیه صبر کن.

زود لاغر می شود

حاکم خسیسی در شهر ملا حکومت می کرد به ملا گفت شنیده ام به شکار علاقه داری خواهش دارم تازی شکاری خوبی برای من پیدا کنی. ملا وعده داد که خواهشش را انجام دهد. پس از چند روز سگ قوی هیکل پاسبانی را طناب به گردن بسته به حضور حاکم برد. حاکم از دیدن آن سگ تعجّب کرده پرسید: این سگ را چرا آورده ای؟ ملا گفت: خود شما سپرده بودید حاکم گفت: من تازی لاغر میان شکاری خواستم شما سگ پاسبان آوردید ملا گفت: مطمئن باشید یک هفته که این سگ در منزل شما بماند مانند تازی لاغر میان خواهد شد.

زرنگی ملا

ملا نزد حاکم رفته گفت حکمی بنویسید که من از هر کس که از زن خود بترسد یک مرغ بگیرم. حاکم که به شوخی ملا عادت داشت دستور

حکم را نوشت و به دست ملا داد. ملا چند روزی سفر کرده قریب صد مرغ همراه آورد. بدو ورود وارد خانه و اندرون حاکم شد. حاکم که او را با آن همه مرغ دید تعجّب کرد، پرسید: ملا این همه مرغ را به دولت آن حکم به دست آورده ای گفت حوصله ام سر رفت والا به عدد تمام مردان قلمرو حکومت شما مرغ تهیّه می کردم حال خدمت شما رسیدم که عرض کنم در فلان شهر کنیز بسیار خوشگلی دارای آواز خوب که برای هم خوابگی حاکم خیلی مناسب بود دیدم. حاکم دست به بینی گذاشت و گفت: ملا مواظب باش خانم از پشت در گوش می دهد. ملا گفت چون خیلی کار دارم خواهش دارم دستور بدهید یک مرغ به مرغهای من اضافه کنند تا مرخص شوم. حاکم فهمید ملا خواسته خود او را امتحان کند. به او آفرین گفت و امر کرد یک خروس پروار به او دادند. ملا هم با خوشحالی راه بازار را پیش گرفت مرغها را فروخته به خانه رفت.

معامله ملا

ملا با چند نفر همسفر بود ظهر در کنار جویی نشستند که ناهار صرف کنند. هر یک نانی از خورجین بیرون آوردند. ملا نان خود را در وسط گذاشت و گفت من چون اشتها ندارم تمام نانم را به شما تقدیم می کنم. شما هم در عوض هر کدام نصف نانتان را به من بدهید.

آشنای ملا

ملا در بیابان می گذشت جمعی را دید به خوردن طعام مشغولند بدون تعارف پهلوی آنها نشست و شروع به خوردن کرد. یکی از حضار پرسید سرکار با کدام یک از ما آشنایید ملا غذا را نشان داد و گفت: با ایشان.

چرب‌تر

ملا از زنش پرسید امشب برای پلو چه لازم داریم گفت: نیم من برنج و یک من روغن. ملا گفت یک من روغن برای نیم من برنج زن گفت: پلویی که در بساط نیست بگذار اقلاً چربیش زیاد باشد.

برای تجربه

زن ملا به او گفت: سبب اینکه در خواب اینقدر خُر و پُف می کنی چیست. ملا گفت چرا دروغ می گویی مخصوصاً دفعه پیش که به من گفتی دو شب تا صبح خواب را بر خودم حرام کردم که ببینم راستی خُر و پُف می کنم یا نه ابداً صدایی نشنیدم و یقین دارم تو اشتباه کرده ای خودت که خُر و پُف می کنی خیال کرده ای من هستم.

نذر ملا

الاغ ملا گم شد نذر کرد اگر آن را یافت ده دینار صرف امامزاده محل کند. پس از چند دقیقه الاغ پیدا شد ملا به امامزاده رفت و گفت: چون معلوم شد نذرت گیرا است نذر می کنم اگر صد دینار پول مفت امروز به من برسد ده دینار نذر اولی را با ده دینار دیگر برایت خرج کنم.

طفل تازه رسیده

به ملا خدا طفلی عنایت فرمود یکی از دوستانش نزد او آمده گفت: خدا قدمش را مبارک کند لابد پسر است ملا گفت: خیر آن شخص گفت پس یقین دختر است ملا گفت: کی برای تو خبر آورد.

استراحت ملا

شخصی از ملا پرسید: ساعات استراحت تو چه وقت است ملا گفت: چند ساعت در شب و دو ساعت بعد از ظهرها که او می خوابد. آن شخص پرسید: او کیست گفت عیال من. گفت: نادان پرسیدم خودت کی استراحت می کنی به عیالت چکار داشتم ملا جواب داد نادان خودت هستی مگر نمی دانی ساعاتی که زنم در خواب است من می توانم نفس راحتی بکشم.

تعارف ملا

ملا در مزرعه اش نشسته بود سواری عبور می کرد ملا گفت: بفرمایید سوار از اسب پیاده شد، پرسید: افسار اسب را به کجا بکوبم. ملا که گمان نداشت تعارفش چنین نتیجه بدهد گفت: به سر زبان بنده.

تعارف راستی

در موقع بی پولی رفقای ملا از او مهمانی خواستند هر چه عذر آورد نپذیرفتند. بالأخره به اصرار خود آنها روزی را معیّن کردند. ملا هم قبول کرد به شرط آنکه به غذای حاضری بسازند. روز موعود برای ناهار نان و ماست و خرما و پنیر و انگور تهیه دیده بود و اصرار بی اندازه به دوستان می کرد که خجالت نکشید این غذا متعلق به خودتان است. همان طور که در منزل ناهار میل می کنید اینجا هم بی تکلّف صرف نمایید. رفقا که از تعارف ملا خیلی شاد گشتند با کمال میل ناهار را صرف کردند و روزی را به خوشی گذرانیدند ولی در وقت بیرون آمدن از منزل ملا کفش و عبای خود را نیافتند. از ملا پرسیدند آنها را کجا گذاشته اید گفت نزد

سمسار سرگذر گفتند برای چه گفت مگر نه وقتی غذا می خوردید گفتم مال خودتانست دروغ نگفتم قیمت کفش و عبایتان بود. رفقا با کمال بوری مجبور شدند پولی میانه خود جمع کرده به ملا بدهند که برود کفش و عبایشان را از گرو بیرون آرد. ملا هم به آنها یاد داد که اصرار بی موقع ضررش نصیب خود شخص خواهد گردید.

مادر ملا

ملا مادر پیری داشت روزی در نزد بستگان از او تعریف کرد و گفت: خدا مادرم را عمر دهد باعث خیر و برکت خانه است. شخصی گفت تو که مادرت را دوست داری چرا شوهری برایش پیدا نکردی ملا گفت: چه جای شوخیست ولی مادرش گفت: حرف حسابی که اوقات تلخی ندارد.

سبب شوری

از ملا پرسیدند: چرا آب دریا شور است گفت: مگر ماهی نخورده اید ببینید چقدر شور است واضح است چند تا از این ماهیها کافی است که دریایی را شور کند.

ملا در قبرستان

ملا به قبرستان رفته بود. بر سر قبری بی اندازه گریه می کرد. راه گذری تصوّر کرد ملا سر قبر پسرش است که اینطور زار می گرید و می گوید چرا به من رحم نکردی و به این زودی مردی. پس جلو آمد، خواست او را تسلیت دهد از ملا پرسید قبر پسر ناکام شماست که اینطور متأثر هستید؟

ملا گفت: خیر. قبر شوهر اول عیال من است که مرده و این بلای ناگهان را به جان من انداخته و زندگی را به کام من تلخ کرده است.

سر گاو در خمره

در همسایگی ملا گاوی برای خوردن آب سر در خمره کرده بود ونمیتوانست بود بیرون آورد. حاضرین هر چه سعی کردند نتوانستند سر گاو را از خمره بیرون کشند. ناچار به ملا متوسّل شدند. ملا چاره ای جز بریدن سر گاو ندید چون سر را بریدند بدرون خمره افتاد ملا وقتی دید سر بیرون نیامد دستور داد خمره را شکسته سر گاو را بیرون آورند و حاضرین را از مهارت و با فکری خود حیران نمود.

قصاص

در هنگام قضاوت دختری نزد ملا آمده از جوانی شکایت کرد که او را به زور بوسیده. ملا گفت: رأی من قصاص به مثل است تو هم به زور او را ببوس.

آتش در زمستان

ملا در پیری به فکر گرفتن زن تازه افتاد. یکی از دوستان ملامتش کرد که حالا وقتی است که به فکر آخرت باشی زن تازه گرفتن چه مناسبت دارد گفت: بیچاره در زمستان احتیاج به آتش بیشتر از سایر فصول است.

اهل محل ملا

قاضی ملا را خواست و گفت: اهل محل از تو شکایت دارند و می گویند اسباب درد سر آنها هستی. ملا گفت: من از آنها بیشتر بدم می آید و می خواهم هیچ کدام در این محل نباشند. قاضی گفت: همه آنها را که نمی شود بیرون کرد. ملا گفت: پس متوقعید برای خاطر چند نفر نادان من خانه چندین ساله خود را ترک گویم.

اشتباه کله پز

ملا کله ای خریده برای خوردن در زیر درختی نشست عابری او را دیده جلو آمده پهلویش نشست. ملا برای رهایی از شر مهمان ناخوانده برخاست و گفت: کله پز متقلّب کله یک چشم به من داده بروم آنرا عوض کنم و برخاست راه افتاد و چون از چشم دور شد به تنهایی آنرا خورد.

دیدن شیطان

مرد کریه المنظری به ملا گفت: آرزو دارم شیطان را ببینم ملا گفت: اگر آیینه در خانه نداری در آب نگاه کن شیطان را می بینی.

سایه خودش

شخصی نزد ملا رفت و گفت: دیشب شیطان را خواب دیدم و خیلی ترسیدم ملا گفت: چه شکل بود گفت: مانند الاغ گفت: اشتباه کرده ای شیطان نبوده از سایه خودت ترسیده ای.

حریق

خانه ملا را حیوانات و حشرات مختلف احاطه کرده بودند اتفاقاً حریقی در خانه افتاد زن ملا و تمام حیوانات و حشرات سوختند. ملا شکر خدا را به جای آورد پرسیدند سبب چیست گفت: اگر خانه من آتش نمی گرفت از شر این حشرات تا آخر عمر راحت نمی شدم.

حرف زدن ماهی

از ملا پرسیدند: ماهی چرا حرف نمی زند ملا گفت: شما ملتفت نیستید والا ماهی حرف می زند برای امتحان بروید زیر آب و حرف بزنید اگر صدای شما را کسی فهمید صدای ماهی را هم می فهمد.

استجابت دعای ملا

ملا از راه دوری می آمد الاغش آنقدر نزار و لاغر بود که ناچار پیاده راه می پیمود. دست به دعا برداشت و گفت: خداوندا چه می شد اگر الاغ پُر قوّت رهواری به من می رساندی که از این پیاده روی مرا خلاص می کرد. در اثنا دعا یک نفر قُلدر از خانه اش بیرون آمد که بار سنگینی همراه داشت، چون چشمش به ملا و الاغ افتاد گفت چه خوب بود این بار را روی الاغ گذاشته تا جای دوری می بردی. ملا گفت: الاغ به قدری ضعیف است که خودم پیاده می روم چطور می تواند این بار گران را حمل کند. آن شخص گوش به حرفش نداده به زود بار را روی خر گذاشت و با شلاق ملا را مجبور کرد آنرا براند هر چه خر عرعر و ملا قُرقُر کرد به خرج نرفت در اثنای راه ملا گفت: خدایا شاید دندانهای من ریخته درست

نتوانستم مطلب را به تو حالی نمایم والا در عوض رسانیدن الاغ رهوار چرا این مرد الدنگ را فرستادی که مرا آزار دهد و الاغم را کمری نماید.

قضاوت ملا

مستخدمین داروغه دزدی را تعقیب می کردند دزد برای پی گم کردن وارد خانه ناشناسی شد. عیال صاحب خانه حامله بود چون او را دید ترسید و سقط جنین نمود دزد از آنجا فرار کرد و به مسجدی که در آن نزدیکی بود داخل شد و بالای گلدسته رفت ولی عسس که دنبالش بود آنجا هم او را تعقیب کرد ناچار از بالای گلدسته خود را پرت کرد. تصادفاً زیر گلدسته پیرمردی نشسته بود دزد به روی او افتاد و او جابجا مرد. دزد فرار کرد و در اثنای دویدن تنه اش به یک یهودی خورد و به زمین افتاد اتفاقاً یک چشم او به میخی گرفت و کور شد بالأخره عسس ها دزد را گرفتند و به خانه قاضی که ملا بود آوردند و داد خواهی نمودند. برادر مقتول و شوهر زن و یهودی هم حاضر شدند ملا قضیه را که شنید این طور رأی داد. اول به شوهر ضعیفه گفت: نظر به این که فرزند شما را جوان سقط کرده باید او را با خانم جایی بگذاری تا جانشین آقازاده را تهیّه کند و اما برادر پیرمرد باید دزد را زیر گلدسته نشاند و خود را از بالا روی او بیاندازد تا او بمیرد اما یهودی نمی تواند قصاص تمام از مسلمان بنماید و نصف قصاص را حق دارد بایستی اجازه دهد که چشم دیگر او را هم کور کند و در عوض او هم یک چشم دزد را بیرون آرد آن سه نفر به این حکم از حق خود گذشته از قصاص صرف نظر کردند و فرار کردند.

قیمت مردن

ملا به شهری رفت، شنید که حاکم برای کفن و دفن فقرا هشتاد درهم می دهد روزی خیلی بی پول بود و در آن شهر راه به جایی نمی برد به خانه حاکم رفت و گفت: شنیده ام هر غریبی در شهر شما بمیرد هشتاد درهم می دهید من در شهر شما غریبم و احتیاج زیادی به پول دارم استدعا دارم چهل درهم علی الحساب به من بدهید و بعد از مردن محسوب نمایید حاکم پیشنهاد او را پذیرفت و چهل درهم داد پس از چند روز دوباره ملا نزد او آمد و گفت: می خواهم از شهر شما بروم و دیگر تا وقت مردن اینجا نمی آیم خواهش دارم چهل درهم تتمه را بدهید که حسابمان مفروق شود. حاکم چهل درهم دوّم را هم پرداخت و ملا را راضی کرد.

مرحمت ملا

پسر ملا عمه جزو را تمام کرد و به پدرش مژده آورد که کتاب من تمام شده ملا خوشحال شد و گفت: چیزی بخواه تا به تو بدهم پسر که سابقه به چنین لطفی نداشت گفت به من مهلت بدهید فردا می گویم چه می خواهم فردا که نزد ملا رفت کره الاغ خواست ملا گفت: بنا بود یک خواهش ترا بپذیرم مهلت خواستی دادم دیگر که نباید چیزی به تو بدهم.

وصف الاغ

ملا الاغش را برای فروش آورده بود دلال گفت این الاغ را بخرید که از اسب عربی تندتر می رود ملا سر به گوش او نهاد و گفت: کسی باور نمی کند بگو از خرگوش تندتر می رود اگر باور کنند کافیست.

نهی از منکر

در همسایگی خانه ملا شخصی جمعی از اوباش را دعوت نمود و بساط شراب گسترد. رندان پس از اینکه کله را از باده ناب گرم نمودند بنای عربده و داد و فریاد گذاردند. ملا برای نهی از منکر چماقی برداشت و عازم خانه همسایه شد. زنش جلو او را گرفت و اصرار کرد این موضوع را نادیده بگیر و میان مستان مرو که نتیجه خوبی ندارد. ملا را تعصّب نگذاشت به حرف او گوش دهد به خانه همسایه رفت و در را کوفت صاحب خانه که برای باز کردن در آمد ملا را با چماق دید. با مدارا خواست او را باز گرداند ملا بیشتر جری شد، چماقی به او زده و وارد خانه شد حضار که این حال را دیدند مست بازی را شروع کردند ملا را به میان گرفتند و با چماق خودش کتک مفصّلی به او زدند به طوری که دست و سر او شکست و بیهوش شد و او را از خانه بیرون انداختند. زن ملا ساعتی انتظار کشید شوهرش نیامد از خانه خارج شد و چون او را به آن حالت دید به خانه برد و چند روزی معالجه کرد تا بهبودی یافت.

عروسی ملا

شب عروسی ملا حاضرین در سر سفره یا از کمی غذا یا از زیادی اشتها هیچ باقی نگذاشتند که ملا و خدمه مجلس بخورند. ملا از این موضوع خیلی مکدر شد و با کمال خشم خواست از خانه خارج شود. گفتند تو حالا باید در حجله نزد عروس بروی گفت چرا شامش را دیگران بخورند زحمت به حجله عروس رفتن با من باشد.

دعای باد

ملا ماههای رمضان در دهی امام جماعت بود و دهاتیها هر یک سهمی از محصول خود به او می‌دادند او هم در باره آنان دعا می کرد. اتفاقاً یک سال مقرری ملا را ندادند مطالبه کرد گفتند امسال خشکسالی بوده و گندم کم است به شما نمی رسد. ملا متغیرانه گفت من هم به شما باد نمی دهم تا خرمنتان زمین بماند و به شهر رفت اتفاقاً در آن سال باد به موقع نوزید و خرمن ها زمین ماند. یکی از دهاتیها را نزد ملا فرستادند، التماس زیادی کردند و دو برابر حق او را وعده دادند تا دعا کند باد بیاید ملا گفت باید در ده حاضر شوید که آنجا دعا کنم ناچار مقداری خرج کردند و ملا را به ده بردند و تمام دهاتیها حاضر شدند و با التماس و لابه از ملا خواستند دعا کند باد بیاید در عوض سهم ملا را دو برابر هر سال بدهند. ملا پس از

گرفتن پیمان محکم که دیگر به او تعدّی نکنند و همه ساله حق او را مرتّب بدهند برخاست و به صحرا رفت، دعایی به دستمالش خواند و به هر یک گفت آن را ساعتی روی چوب آویزد و در خرمنش نصب نماید. در اثنای این که دهاتیها یکی یکی مشغول انجام فرمایش ملا بودند باد وزید و خرمنها برداشته شد و حق ملا را بنا به وعده پرداختند و رسم مقاطعه باد در دهات اغلب جاریست و بعد از ملا دیگران هم از آن استفاده ها برده اند و به روح ملا دعا کرده اند.

گوساله ملا

در صحرا خواست گوساله اش را بگبیرد و به خانه بَرَد گوساله آنقدر جفتک زد تا فرار کرد ملا خسته شد. پس ملا او را گذاشت به خانه رفت و چوبی برداشت و شروع کرد به زدن مادر گوساله زنش جلو آمده پرسید چرا گاو را می زنی مگر دیوانه شده ای گفت: از بس حرامزاده است یک ساعت با گوساله اش تلاش کردم نتوانستم آنرا بگیرم و به خانه بیاورم اگر این گاو جفتک زدن و گریختن را به او یاد نمی داد گوساله ششماهه مرا اینقدر اذیت نمی کرد.

خانه ملا

ملا مالک نصف خانه بود روزی دلالی را طلبید و گفت اگر بتوانی نصف خانه مرا بفروشی نیمه دیگر را می خرم که تمام خانه مال من شود.

تدبیر ملا

شبی در فصل تابستان که ملا با زنش روی بام خوابیده بودند دزدی ناشی به بام آمد. ملا ورود او را فهمید و دانست که خیال دارد در صحن خانه دستبردی بزند تدبیری کرد و بدون اینکه بفهماند از آمدن دزد آگاه شده با زنش صحبت کنان گفت: دیشب نپرسیدی بعد از نصف شب من بدون صدا کردن تو با اینکه در بام بسته بود چطور به صحن خانه رفتم زن گفت: راستی فراموش کردم چطور رفتید؟ گفت خیلی آسان این اسم اعظم را خواندم، از بالای بام مهتاب را به دست گرفتم و به آسانی به صحن حیاط رسیدم. دزد از یاد گرفتن این موضوع خیلی خرسند شد، خواست به تقلید او از راه مهتاب به صحن خانه وارد شود ولی خواندن اسم اعظم با پرت شدن به میان خانه برابر بود و باعث شکستن سر و پایش گردید ملا به زنش گفت: برخیر چراغ بیاور ببینم کی بود که به خانه آمد دزد گفت: شتاب لازم نیست مادامی که تو اسم اعظم میدانی و منهم به این حماقت هستم با پای شکسته در خانه تو مهمان هستم و تا چند روز دیگر هم از جای خود بر نمی خیزم.

اصلاح خطا

به ملا گفتند ناف طفل جدید الولاده خود را به دست خود ببر که بچه خوش خلق گردد ملا مقراض را برداشت و ناف بچه را از بیخ برید به طوری که جای آن سوراخ ماند زنها فریاد برآورده او را مذمّت کردند که چرا چنین کردی گفت عیبی ندارد هنوز که نمی فهمد سوراخ مقعدش کجاست اگر این سوراخ به هم نیامد آن را جای سوراخ مقعد استعمال خواهد کرد.

نمونه تیراندازی

روزی بزرگان شهر با حاکم در بیرون شهر به تیراندازی مشغول بودند. حاکم امر کرد همه بایستی هنر خود را بنمایند به ملا که نوبت رسید تیری در کمان گذاشت و رها کرد ولی به نشانه نخورد گفت: پدرم این طور تیر می انداخت مرتبه دوّم انداخت به نشانه نخورد گفت: برادرم این طور تیر می انداخت در مرتبه سوّم اتفاقاً به نشانه خورد گفت خودم همیشه این طور تیر می اندازم.

ملا در آینه

ملا آیینه ای را وارو بر زمین افتاده دید آنرا برداشت چون نگاه کرد و صورت خود را در آن دید به همان قسم که بود آنرا به زمین گذاشت و گفت: ببخشید نمی دانستم که این مال شما است.

رقابت زنها

ملا نزد رفیقش رفته گفت: خیلی دلم برایت می سوزد رفیقش پرسید: به چه سبب گفت: امروز من بعد از مرافعه ها که نزدیک بود به طلاق بکشد به بازار رفتم و برای زنم جوراب و پیراهن و کفش نو خریدم رفیقش گفت به من چه ربط دارد گفت زن شما با زن من آمد و رفت دارد قطعاً وقتی جوراب و پیراهن و کفش نو را پای زن من ببیند تکلیفت معلومست رفیقش که وخامت کار را فهمید فوراً در صدد تهیه پول برآمد.

آواز ملا

در حمام آواز می‌خواند به نظرش جلوه کرد افسوس خورد که چرا زودتر ملتفت نشده که خدا این نعمت را به او عطا فرموده است پس نزد حاکم رفت و گفت: آمده ام یکی از مزایای خود را که تا امروز امیر نمی داند بیان کنم. امیر پرسید آن چیست؟ گفت: خوبی آواز. امیر گفت بخوان تا لذّت بریم ملا گفت ولی برای آواز خواندن من دو چیز لازم است یا خُمی که نصف آن آب باشد یا خزینه حمام. امیر گفت عجالتاً به خزینه دسترسی نیست ولی تهیه خُم آسان است آن را حاضر خواهیم کرد. پس دستور داد خُمی را تا نیمه آب کردند به مجلس آوردند. ملا سر خود را در میان خم کرد و صدای منکر خود را سر داد امیر که از آن صدا خیلی مشمئز گردید امر کرد هر یک از خدام دست را با آب خُم تر کنند و سیلی به صورت ملا بزنند تا آب خُم تمام شود. ملا سیلی دوّم را که خورد به سجده افتاد و شکر خدا را به جای آورد. امیر پرسید چه جای شکر بود گفت برای این شکر کردم که اگر در خزینه حمام خوانده بودم سالیان

دراز خودم و این جمعیت بیچاره گرفتار سیلی خوردن و سیلی زدن بودیم امیر خندید و او را عفو نمود.

هوش پسر

در مجمعی پسر ملا بادنجان را بچّه گاو چشم باز نکرده توصیف کرد ملا به حاضرین گفت خیال نکنید پسر من این موضوع را از من یاد گرفته باشد بلکه فقط به هوش و فراست خودش این تحقیق را نموده است.

شرط طلاق

ملا در بازار پیراهن زری برای زنش می خرید رفیقش گفت تو می خواستی زنت را طلاق بدهی پیراهن زری برای که می خری گفت زنم شرط کرده اگر پیراهن زری برایش بخرم پیش قاضی بیاید و طلاق را قبول کند.

کلاه شرعی

واعظی در اثنای وعظ گفت: هر کس روز عاشورا را روزه بدارد و ظهر افطار کند ثواب عمل ششماه روزه در نامه عملش می نویسند. ملا یک روز ماه رمضان که روزه نبود به خانه واعظ رفت واعظ پرسید: چرا روزه نگرفتی گفت به قول شما عمل کردم و تا ظهر عاشورا روزه گرفته ام در عوض این ماه رمضان با پنج ماه رمضان دیگر حق دارم روزه ام را بخورم.

حاضر جوابی ملا

ملا رفته بود الاغ بخرد دهاتیها جمع بودند و بازار خر فروش رواج داشت. شخصی که عبور می کرد گفت: در این میدان بجز دهاتی وخر چیزی پیدا نمی شود ملا گفت: شما دهاتی نیستید گفت: خیر گفت: پس چه هستید؟

ماهی در صحرا

ملا با یکی از دوستان به گردش کنار دریا رفته بود رفیق گفت: ببین چه ماهی بزرگی من مثل آن ندیده ام ملا به طرف بیابان نگاه کرد رفیقش پرسید: چرا به بیابان نگاه می کنی ماهی را در دریا می بینند ملا گفت: تصور کردم از آب بیرون آمده تا در آفتاب گرم شود.

زرنگی دهاتی

دهقانی به ملا اظهار ارادت می کرد ولی غالباً از جانب ملا منتفع می شد و تاوان پس نمی داد یکی از روزها که دهقان به شهر آمد چون بر در خانه ملا رسید خر را زدن گرفت و گفت: حیوان بیکاره آرد و عدس بارت کردم نیاوردی که مرا پیش دوستان خجالت دهی ملا سرش را از پنجره بیرون آورد و گفت: حیوان بدبخت را نزن اگر نتوانسته از ده چیزی بیاورد از اینجا هم چیزی نمی برد و جبران تنبلیش می شود.

دیوانگان

از ملا پرسیدند میدانی در شهر ما چند نفر دیوانه هست؟ گفت: بجز چند نفر همه دیوانه اند آن چند نفر هم خالی از یک قسم دیوانگی نیستند.

حوریه بی تناسب

واعظی بالای منبر گفت به کسی که امشب دو رکعت نماز بگذارد خداوند حوریه ای کرامت فرماید که سرش در مشرق و پایش در مغرب باشد ملا گفت من نه این نماز را می خوانم نه طالب چنین حوریه ای هستم که معلوم نیست کدام قسمت از بدنش نصیب من خواهد شد.

پیش انداخت کار

پسر ملا را بیماری سخت روی داده بود که پزشکان جوابش کرده بودند ملا به عقب غسّال و گور کن فرستاد گفتند تا نمرده به غسّال و گور کن حاجت نیست گفت من کار را پیش انداختم تا غسلش بدهیم و گورش بکنیم خواهد مرد.

طریق تدریس

نزد مدرّسی چیزی امانت گذاشته بود روزی برای گرفتن آن به مدرسه رفت مدرّس ساعتی مهلت خواست تا درسش را بگوید و امانت او را بیاورد. ملا که دید مدرس مرتب ریش خود را می جنباند و حرف می زند گفت تو برو امانت مرا بیاور من در عوض تو ریشم را می جنبانم.

گمشدن خر

خر ملا گم شد قسم خورد اگر آن را یافت به یک دینار بفروشد اتفاقاً پیدا شد. پس گربه ای گرفت، ریسمان به گردنش بست و با خر به بازار برد و گفت خر یک دینار و گربه را صد دینار می فروشم به شرط اینکه دو معامله با هم انجام گیرد.

بی عقلی

سگی به مسجدی رفت جمعی در اطرافش گرد آمده بودند و حیوان را می زدند ملا جلو رفت و گفت: این حیوان از روی شعور این کار را نکرده که شما او را عذاب می دهید منکه عقل دارم چرا هیچ وقت داخل مسجد نمی شوم.

جسارت ملا

حاکم می خواست شخص جسوری را به مأموریت خطرناکی بفرستد کسی را نیافت ملا گفت من برای رفتن به این مأموریت حاضرم حاکم تصوّر کرد شوخی می کند گفت: باید جسارتت را امتحان کنیم پس امر کرد او در جایی بایستد و دو دست را باز کند و به یکی از کمانداران نامی گفت: می خواهم عمامه ملا را با تیر نشان سازی تیرانداز شبکلاه عمامه را

سوراخ کرد ملا از ترس نزدیک بود قالب تهی کند ولی به روی خود نیاورد مرتبه دوّم به دیگری امر کرد جبّه ملا را سوراخ سازد او هم تیر را به دامن لباس ملا زد و آنرا سوراخ نمود ولی ملا رنگ خود را باخت و بی اندازه ترسید چون تجربه به پایان رسید و نزد حاکم آمد حاکم فرمان داد یک عمامه و یک قبای نو به ملا بدهند ملا با خوشحالی خواهش کرد شلوار نوی هم ضمیمه نمایند حاکم گفت شلوار شما که سوراخ نشده ملا گفت ظاهراً صدمه ای ندیده ولی در حقیقت بیش از عمامه و قبا خسارت برده است.

کسب ملا

ملا کمتر حاضر می شد برای طلب روزی از خانه خارج شود روزی زنش به او گفت از این ببعد اگر همه روزه صبح از خانه بیرون نروی و تا غروب اقلاً بیست دینار نیاوری به خانه راهت نمی دهم ملا ناچار از خانه خارج شد و تا غروب آفتاب هر چه تکاپو کرد چیزی نیافت از ترس زن به خانه نرفت و به خرابه ای که نزدیک بود رفت و در زاویه خزید و با خود فکر می کرد که زندگانی با این ترتیب خیلی مشکل است در این اثناء درویشی از در خرابه وارد شد و در گوشه ای قرار گرفت و پس از رفع خستگی کوله پشتی خود را جلو گذاشت، چراغی بر افروخت و قدری موم بیرون آورد و صورتی از آن ساخت و در مقابل گذاشت و او را آدم نامید و به او خطاب کرد و گفت: خداوند ترا آفرید و در بهشت جا داد و همه گونه نعمت خود را بر تو ارزانی داشت تنها از خوردن گندم منعت کرد مخالفت کردی گندم خوردی تا ترا از بهشت بیرون کرد، به دنیا انداخت و ما از صلب تو بیرون آمدیم و باید تا زنده ایم برای کسب روزی

همیشه با مرارت و غصه باشیم و وقتی که مردیم به واسطه گناهها یی که مرتکب شده ایم در عذاب باشیم. پس عصای خود را برداشت، به سرش زد و آن را درهم شکست و دوباره صورت ساخت و او را حوا نامید و گفت ای حوا تو چشم از نعیم بهشت پوشیدی و آدم را به خوردن گندم واداشتی و باعث تولید نسلها شدی و همه را دچار بدبختی و ابتلا نمودی. پس عصایی به سرش زد و او را هم شکست باز صورت دیگری ساخت و او را شیطان نامید و گفت ای ملعون تو که مقرّب بودی چرا از حد خود تجاوز کردی و خلاف امر خداوند به آدم سجده نکردی تا ترا به اسفل السافلین انداختند دوباره چرا آدم را وسوسه نمودی و به خوردن گندم واداشتی و از سر اولاد او هم دست بر نداشتی و پیوسته آنها را اغوا می نمایی. پس عصایی بر سر او زد و او را هم در هم شکست و همچنین از آن موم صورتها ساخت هر یک را به اسم یکی از انبیا یا اولیا موسوم نمود و بهانه‌ای بر او گرفت و خودش نمود تا آنکه در آخر همه صورتی ساخت و آن را رب اعلا نامید و شروع کرد با او عتاب و خطاب کردن و بر او تقصیر گرفتن و چون خواست عصا بر سر او زند ملا از جا برخاست و فریاد زد صبر کن من بیست دینار از او بگیرم بعد خوردش کن و اگر عجله کنی بیست دینار از تو خواهم گرفت چون زنم بی پول به خانه راهم نمی دهد. درویش از فریاد ملا متوحش شد و از ترس کوله پشتی را جا گذاشت و فرار کرد. ملا اسباب او را تصاحب کرد و در جزء اثاثیه مختلف پانصد دینار پول نقد یافت و رو به خانه آورد. چون در زد زنش پشت در آمد و گفت اگر بیست دینار آورده ای در را می گشایم والا برو پی کارت ملا گفت: احمق در را بگشا که عوض بیست دینار پانصد دینار آورده ام زن در را باز کرد، دید راست می گوید از او پرسید که این پول

را از کجا تحصیل کردی گفت به جهت همراهی و نجات دادن خدا و قضیه را برای او شرح داد زن پس از شنیدن واقعه او را از پول تهیه کردن روزانه معاف داشت و یقین کرد خدا او را گرسنه نخواهد گذاشت.

سه احمق

دو نفر احمق در راهی می رفتند یکی گفت دلم می خواست خدا گله گوسفندی به من عطا می فرمود که هزار عدد بود دیگری گفت منهم گله ای از صد گرگ می خواستم که هر یک آنها ده گوسفند ترا بخورند اولی در غضب شد، فحش غلیظی به آرزومند گرگ داد او هم جواب داد نزاع سختی بینشان در گرفت ملا به ایشان رسید، سبب نزاع را پرسید ماجرا را بیان کردند سبوی عسلی که همراه داشت سرازیر کرد عسلها که شروع به ریختن کرد گفت خون من مانند این عسل ریخته شود اگر خلاف بگویم شما احمق ترین مردم روی زمین هستید.

طواف

روزی ملا به خانه تازه سازی وارد شد، هر قدر نشست غذایی برایش نیاوردند پس برخاست و با خلوص تمام به اطراف خانه دویدن گرفت گفتند چه می کنی گفت دیدم این خانه به وادی غیر ذی ذرع و به خانه مکه شبیه است طواف آن را واجب دانستم پس اطراف خانه را مسافت کرد گفتند چه می کنی گفت خانه ای که در آن طعام خورده نشود پر صرفه است اندازه می گیرم که تا مانند آن برای خودم هم خانه ای بسازم شاید خوردن را از یادم ببرد.

برای رضای همه

یکی از امرای شهر مسکن ملا را تسخیر کرد و عساکر او شهر را فتح و غارت نمودند و از هیچ آزاری به مردم خودداری نمی کردند مردم در مسجد جمع شدند و در صدد چاره جویی برآمدند ملا بر منبر رفت و گفت: ای مردم از خدا غافل مباشید که هیچ بدی را بی سزا و خوبی را بی جزا نخواهد گذاشت در این بین شخصی با لباس درویشی وارد شد ملا از منبر که پایین آمد جلو او رفت، دید امیر است که لباس درویشی پوشیده از ملا پرسید: سزای بدگویی تو در بالای منبر را امیر خوبست چگونه بدهد که هم خدا راضی باشد و هم تو ملا گفت: اگر بخواهد هم خدا هم امیر هم بنده و هم تمام اهل شهر راضی باشند امر می کند در شهر جار بزنند کسی را با کسی کاری نباشد.

شجاعت

ملا به سفر رفت دو شمشیر و دو نیزه همراه برد راهزنی پیاده به او بر خورد و کاملاً لختش کرد. ملا نالان و عریان به شهر باز گردید، ماجرا را شرح داد. پرسیدند پیاده با چوب چگونه ترا برهنه کرد گفت من به دستی شمشیر و به دست دیگر نیزه گرفته بودم او فرصت نداد که نیزه را به او حواله نمایم چوبی به سرم زد، لباس و اسلحه ام را ربود چون به حال آمدم خیلی به او فحش دادم اما او به روی نامبارک خود نیاورد و از من دور شد.

شاعری ملا

از ملا پرسیدند از اشعار شعرا چیزی یاد داری گفت علاوه بر این که اکثر اشعار مشهور را در حفظ دارم خودم هم خوب شعر می سازم گفتند شعری بگو چند کلمه بی سر و ته که مصرع اوّلش به برد و دوّمی به گفت ختم شد خواند گفتند این که نه وزن داشت نه معنی نه قافیه گفت عجب نادان هایی هستید مگر نشنیده اید هر چه بی معنیست می گویند شعر است من هم شعر می گویم نه معنی و قافیه.

شب زنده داری

مذاکره بود که شب زنده نگاه داشتن و به ذکر خدا و نماز و عبادت صرف نمودن سود دنیوی و اُخروی زیاد خواهد داشت ملا عبور می کرد از او پرسیدند شب بیدار میشوی. گفت: بله هر شب برای ادرار کردن بیدار می شوم.

ریسمان پاره

ملا با جمعی بر سر سفره غذا می خوردند یکی از علما وارد شد به خوردن دعوتش کردند دور از سفره نشست گفتند چرا جلو نمی فرمایید گفت نقلی نیست ریسمانم دراز است در حین غذا بادی از او خارج شد ملا گفت: گمان می کنم ریسمان سرکار آقا پاره شد.

اذان

ملا اذان گفته و می دوید پرسیدند سبب دویدنت چیست گفت: می خواهم بدانم تا کجا صدای اذان من مردم را مستفیض می گرداند.

دعای وارونه

ملا بار گندمی به آسیاب می برد در بین راه با خود اندیشید که اگر این گندم ها طلا می شد کار من خوب می گردید پس دست به دعا برداشت و با جد تمام از خدا خواست که گندمهای او را طلا کند هنوز دعایش تمام نشده جوال شکاف خورد و گندمها روی زمین ریخت پس گفت خداوندا نتوانستی گندمم را طلا کنی چرا روی زمین ریختی.

باز هم دعا

ملا پیاده از بیابان عبور می کرد خسته شد گفت خدایا مرکب رهواری بفرست که دیگر طاقت پیاده رفتن ندارم ناگاه پیاده دیگری شمشیر به دست که در راه مانده بود او را دید و به زور وادارش کرد که او را کول بگیرد و به شهر برد ملا با کمال غضب رو به آسمان کرد و گفت: خدایا شصت سال است خدایی می کنی هنوز مطلب را حالی نمی شوی.

خواندن ضمیر

ملا ادّعای کرامت کرد گفتند دلیلت چیست گفت بـر خوانـدن ضـمایر واقفم پرسیدند در ضمیر ما چه می خوانی گفت همگی در این اندیشه ایـد که من در دعوی خود راستگو یا دروغگو باشم.

دوری

ملا روزی با زنش نشسته بودند زن گفت اگر کمی دور می شـدی بهتـر بود ملا برخاست، خرش را بیرون کشید و سوار شـد و بـه دهـی در پـنج فرسخی رفت و از آنجا کاغذی نوشت و پرسید: تا این حد دوری کافیست یا دور تر بروم.

بوی شعر

شخصی شعر بی ترکیبی برای ملا خواند ملا پرسـید: ایـن شـعر را کـی ساختی گفت در وقت فراغت در بیت الخلا گفت: هنگام خواندن بوی آنرا از دهانت شنیدم.

شعر شناسی

امیر شهر قصیده ای ساخته برای ملا خواند ملا گفت خوب نیـست امیـر رنجید و ملا را حبس کرد. یک شب و روز گرسنه نگاه داشت موقع دیگر باز امیر قصیده ای برایش خواند تصدیق خواست ملا جواب نـداد و از جـا برخاست امیر گفت کجا می روی گفت: زندان.

چوب تر

چهار بچّه در کنار نهری نشسته و پاهای خود را در آب دراز کرده بودند و با هم بر سر اینکه پاهایشان معلوم نیست نزاغ داشتند ملا عبور می کـرد موضوع را فهمید، چوبی از درخت کند و به شدت به پای آنها زد بچّه هـا هر یک پای خود را از آب بیرون آوردند ملا گفت:حالا که پاهاتان معلوم شد زود پی کار خود بروید و دیگر بازی گوشی نکنید.

تگرگ

در فصل بهار ملا در بیابان شخم می زد تگرگ درشتی بارید و سر کچل و برهنه ملا را شکست ملا به تعجیل رفت کلنگ را برداشت رو به آسمان نگاه داشت و گفت: اگر مردی سر این کلنگ را بشکن.

انصاف

شاعری قصیده ای برای ملا خواند. ملا گفت بسیار بد ساختی شاعر رنجید و دشنامش داد ملا گفت انصافاً نثرت از نظمت بهتر است.

احمق تر از او

در شهر ملا جهود احمقی همه شب بیرون شهر زیر درختی میرفت و موسی وار مناجات کنان می گفت رب ارنی انظر الیک ملا قضیه را فهمید شبی بالای آن درخت خود را مخفی کرد چون جهود به عادت معمول به مناجات رفت و گرم دعا گردید ملا از بالای درخت فریاد زد لن ترانی مگر اینکه هزار دینار پول ببردی و به خانه ملا بدهی جهود به تعجیل به شهر رفت، هزار دینار برداشت و در خانه ملا رفت و به زن او داد و برگشت به پای درخت وفای وعده را درخواست کرد ملا یک سر عمامه را طناب مانند به دست گرفت و سر دیگر را پایین انداخت و به جهود گفت دست به این ریسمان بگیر و به نزد ما بیا تا ترا مورد لطف قرار دهیم. جهود خوشدل گشت، چنگ در آن زد ملا خواست او را بالا کشد جهود خیلی فربه بود عاجز ماند و سنگینی به او زور آورد. شکم و معده اش تحمل نتوانست سر و روی جهود را ملوث نمود و بواسطه این عمل سست گشت و عمامه از دستش رها گردید. جهود بر زمین افتاد و سرش شکست و ناله کنان گفت: خدایا پولم را گرفتی و بر سر و ریشم ریدی دیگر چرا بر زمینم زدی و سرم را شکستی.

برادر زاده ملا

در زمان مکتب داری ملا پدر یکی از شاگردان ظرفی پر از باقلوا بـرای ملا فرستاد ملا برای این که شاگردان طمعی در آن ننمایند آرا در طاقچـه گذاشت و سفارش کرد به آن دست نزنید چون فرستنده بـا مـن عـداوت داشته و سم در آن داخل کرده که مرا بکشد پـس از سـاعتی کـه مـلا از مکتب بیرون رفت برادر زاده او که خلیفه شاگردان بود بچه هـا را جمـع کرد و گفت: ملا برای این که ما دست به باقلوا نزنیم این دروغ را ساخته والا باقلوای لذید هیچ عیبی ندارد شاگردان گفتند مبادا او بیایـد و مؤاخـذه کند برادر زاده ملا گفت شما نترسید گناه را من به گردن می گیرم. پـس باقلوا را آوردند و خوردند و سهم برادر زاده را دو برابر دادند کـه جـواب ملا را بدهد او هم قلم تراش ملا را آورد شکست و چون مـلا بـه مکتـب برگشت و قلم تراش را شکسته یافت پرسید کدام یک از شما قلم تـراش

مرا شکسته برادر زاده اش پیش آمد و گفت من خواستم قلمم را بتراشم قلم تراش شکست از ترس شما خواستم خودم را بکشم چون دستم بـه چیـزی نرسید ناچار کلمه شهادت را گفتم و باقلوا را خوردم تا از مؤاخـذه راحـت گردم اما از بدی طالع تا به حال نمرده ام. ملا فهمید که چطور کلاه سـرش گذاشته اند گفت حقاً که تو برادر زاده من هستی برو بنشین ولی سعی کن اقلاً خودت از مال من و فکر خود بهره ببـری نـه نتیجـه زحمـت نـصیب دیگران شود.

خوراکی گریز پا

در مجلس ضیافتی طبقی مویز جلو ملا بود که چند سوسک در میـان آن جست و خیز میکردند. ملا با زحمت زیاد آنهـارا گرفـت. پرسـیدند: چـه میکنی؟ گفت: گریز پاهارا گرفتم که نگریزند باقی راحت سر جای خـود نشسته‌اند.

انشاءالله می میرد

مادر زن ملا مریض بود همه اقوام نزد او جمع بودند ملا به محـض ورود سر سلامتی گفت گفتند هنوز که نمرده گفت انشاءالله خواهد مرد.

بزرگان دنیا

گفتگوی فرعون و نمرود و شداد بود و از ملا پرسیدند اینان چرا جسارت کرده خود را خدا خواندند گفت به ما مربوط نیست که در کار خـدایان و پیغمبران و بزرگان تصرف کنیم و چیزی بگوییم.

ارث نادانی

از ملا مسئله ای پرسیدند گفت نمی دانم و گویا مرحوم پدرم تعریف کرد که در زمان حیات جدّم این مسئله طرح شد و از جدّم پرسیدند او هم ندانست.

آرزوی فراموشی

ملا به عیادت بیماری مبتلا به درد زانو رفت و گفت: در موضوع مرض شما شعری از جریر شاعر عرب دیده ام که صدر آنرا به خاطر دارم بیمار گفت آنچه در نظر داری بخوان ملا گفت: لیس لداءالرکبتین دواء بیمار گفت کاش صدرش را هم فراموش کرده بودی.

بی خبر نمانم

ملا به عیادت بیماری رفت، چون خواست از خانه بیرون آید اقوام دوستش را که چندی قبل فوت شده بود در آنجا دید و گفت: مبادا مانند دفعه پیش که از مردن فلانی بی خبرم گذاشتید فوت این شخص را به من خبر ندهید.

بیماری پدرش

ملا به عیادت بیماری رفت که از درد کمر می نالید ملا گفت بد مرضی است پدرم به همین مرض از دنیا رفت و شما خوبست در وصیت تأخیر ننمایید بیمار پسرش را خواست و گفت: این مرد شوم را با پس گردنی از خانه بیرون کن.

حضرت لوط

پرسیدند حضرت لوط پیغمبر چه قومی بود گفت: از اسمش پیداست پیغمبر الواط و اراذل بوده گفتند: چرا چنین جسارت به پیغمبر بزرگی می نمایی گفت: به خودش جسارت نشده قومش را میگویم و دروغ هم نگفتم.

تعزیت

مرد متمول پیری بیمار شده بود ملا برای عیادتش به ورثه اش تعزیت گفت گفتند هنوز که نمرده گفت من دعا می کنم بزودی راحت خواهد شد بعلاوه چون پیر هستم و پس از مرگ او نمی توانم دو باره در هوای سرد خدمت برسم پیشتر شما را تعزیت گفتم.

سیّد قرشی

از ملا پرسیدند که نام فلان شاعر چیست؟ گفت صداش یا رماش یا خراش یا وراش از این چهار بیرون نیست و معلوم است که سیّد قرشی است گفتند به چه مناسبت گفت دلیل نمی خواهد مگر آخر اسم او شین نیست.

تأثیر حرف

شخصی را درد بسیار بدی در پا عارض شد به طوری که مجبور شدند پای او را قطع نمایند ملا که به عیادت او رفت پرسید پایت را قطع کردند گفت بلی گفت خوب کردند بعد پرسید دردش زیاد بود گفت بلی گفت غصه مخور هر گاه می دانستی چقدر ثواب برای صابرین و زجر کشندگان هست راضی می شدی که پای دیگر بلکه دستهایت را هم قطع کنند

مریض که از حرف ملا رنجیده بود با کمال شدت شروع به بدگویی نمود و گفت مرد احمق چرا تو این ثواب را برای خودت نمی خواهی که نصیحت بیجا می کنی.

ثبوت حماقت

ریش ملا بلند شده بود شبی در کتاب خواند ریش بلند و سر کوچک دلیل حماقت است چون به آینه نگاه کرد گفت: پس باید من احمق باشم و خواست هر چه زودتر این نسبت را از خود دور سازد دست را به میان ریش گرفته جلو چراغ رفت که نصف او را از بین ببرد. ریشش آتش گرفت و سر و صورتش را سوزاند و مدتی در خانه به معالجه مشغول بود. پس از بهبودی در حاشیه کتاب نوشت این مطلب تجربه شده به ثبوت رسید.

حقیقت گویی

گفتند غلام یکی از اعیان مرده ملا برای تعزیت حرکت کرد در بین راه شنید خود آن شخص مرده نه غلام پس برگشت سبب پرسیدند گفت من برای خوش آمد او می رفتم حال برای خوش آمد که بروم.

دفینه بد بو

ملا کوزه پولی در خرابه ای دفن کرد. هر وقت پول نقدی به دست می آورد در آن می ریخت و حساب آنرا نگاه می داشت. عطاری در مقابل خرابه دکان داشت از آمد و رفت ملا مشکوک شد. برای کشف قضیه به خرابه رفت و محل دفینه را یافت پولها را که چهل و یک دینار بود شمرد،

برداشت و پی کار خود رفت. روز دیگر ملا سر دفینه رفته پول را ندید دانست عطار دستبرد زده از آنجا رد شد دید عطار در دکانش نیست پس تدبیری اندیشید. ساعتی بعد نزد عطار رفت و گفت خواهش دارم چند قلم حساب نوشته جمع بزنی گفت بفرما گفت بنویس سی و شش دینار به او اضافه کن هفتاد و دو دینار جمع آن می شود صد و هشت دینار با چهل یک که جمع کنیم صد و چهل و نه دینار یک دینار می خواهد تا صدو پنجاه دینار. ممنوم و خداحافظی کرد و روانه شد. عطار گمان کرد ملا دو جای دیگر پول دارد و می خواهد به چهل و یک دینار اضافه کند با شتاب پولها را برد و جای خودش گذاشت. ملا روز بعد به خرابه رفت، مدتی طول داد چون بیرون آمد عطار به سر دفینه رفت و به جای پول دید نجاست ریخته اند ملا که مراقب بود وقتی او از خرابه بیرون آمد پیشش رفت و گفت دستت را بو کن ببین چه بویی می دهد.

گرگ یوسف

از ملا پرسیدند سریحان یعنی چه گفت گرگیست که یوسف را خورد گفتند گرگ یوسف را نخورد گفت پس گرگیست که یوسف او را خورد.

طمع او

ملا به خانه کریمی رفت خواست به او اکرام کند پرسید چه می خواهی گفت به عدد ۱۲۴ هزار پیغمبر ۱۲۴ هزار دینار به من بده طرف که این طمع را از او دید گفت حاضرم اسم هر پیغمبری که بگویی یک دینار به تو بدهم ملا شروع کرد به نامیدن پیغمبران از آدم تا خاتم بیش از ۲۵

پیغمبر را نتوانست نام برد و ۲۵ دینار گرفت بعد هر چه فکر کرد چیزی به خاطرش نرسید گفت فرعون، نمرود، شداد پرسید آنها پیغمبر نبودند گفت عجب مرد ساده ای هستید آنها ادّعای خدایی کردند به پیغمبری هم قبولشان ندارید صاحب خانه سه دینار دیگر به او داد و از شرش رهایی یافت.

شاهد

شخصی از ملا ادعای صد دینار طلب می نمود و با او به محضر قاضی آمده بودند قاضی ادعا را شنید، پرسید شاهدت کیست گفت خدا. ملا گفت: برای شهادت باید کسی را معرفی کنی که قاضی او را بشناسد.

شباهت

هنگامی که ملا وعظ می کرد شخصی با صدای بلند گریه می کرد ملا پرسید: چه فهمیدی که این قسم گریه می کنی گفت هیچ کار من چهارپا داری است چندی قبل الاغی داشتم گرگ پاره اش کرد حالا صدای داد و فریاد شما به عین مانند صدای عرعر او به گوش من رسید و سبب گریه ام شد.

بزرگی سر

ملا در خانه یکی از ملاکین مهمان بود بزغاله بریانی نزد او آوردند صاحب خانه گفت کله اش را بخور که مغز او سر آدم را بزرگ می کند ملا گفت: به این حساب بایستی سرِ سرکار به قدر سر خر شده باشد.

قافیه شعر

ملا شعری ساخت به این مضمون اطاعت امر ولی نعمت است بر ما فرض به جای مصرع دوّم آیهٔ الکرسی تا و ما فی الارض. نزد حاکم شهر رفت و صله خواست حاکم گفت مصرع اول کوتاه بود مصرع دوّم به این درازی چرا گفت خاموش باش که اگر قافیه را نیافته بودم تا هم فیها خالدون رفته بودم.

مرض بی علاج

دوست ملا به شوخی به او گفت حالم بد است و سرم به شدت درد می کند ملا گفت غصّه نخور سال گذشته یک نفر کلیمی به این درد مبتلا شد اما بیچاره چیزی نشد.

زن بیوه

ملا زن بیوه ای داشت که برای چهارمین مرتبه به ملا شوهر کرده بود در بیماری سختی که ملا دچار شد زن بر بالینش گریه می کرد و می گفت اگر تو از این جهان بروی مرا به که می سپاری ملا سر برداشت و گفت به احمق پنجمی.

بی چیز

ملا در وعظ می‌گفت مردم مال خود را به کسی بسپارید که از او پس گرفتن ممکن باشد پرسیدند: از که نمی توان پس گرفت گفت از آدم مفلس.

طبیب منصف

ملا رفیقی داشت که طبابت می نمود روزی با هم از گورستان عبور می کردند طبیب دستهای خود را به صورت گرفته بود ملا پرسید چرا روی خود را پوشیده ای گفت از مردگان این گورستان شرم دارم که بر هر یک می گذرم می بینم که ضربت من خورده و از شربت من دنیا را وداع کرده است.

صدای الاغ

ملا پول طلایی در دست داشت و با آن بازی می کرد شخصی شنیده بود ملا احمق است جلو آمد و گفت این پول را به من بده هشت قطعه پول زرد مسی بگیر ملا گفت: به شرطی اینکار را می کنم که سه بار صدای الاغ کنی. طرف قبول کرد و سه بار عرعر کرد ملا به او گفت خوب الاغ جان تو با این خریّت فهمیدی پول طلا خوبست اما من نفهمیده با پول مس عوض می کنم.

فکر بکر

ملا در فصل تابستان به مسجد رفت. پس از نماز در گوشه ای کفشها را زیر سر گذاشت و خوابید از قضا سرش از روی کفشها رد شد و دزدی موقع را مغتنم شمرد و کفشها را ربود. ملا که از خواب برخاست کفشها را ندید دانست که دزد برده خواست تدبیری نماید لباسهایش را کند و زیر سر گذاشت و خود را به خواب زد تا دزد را دید خواست کفشهایش را بگیرد اتفاقاً چون سرش را از روی لباس بروی حصیر گذاشت خوابش

ربود و دزد فرصت را از دست نداد و لباسها را هم ربود و ملا از این تدبیر سودی نبرد.

تلافی کتک

دختر ملا گریه کنان نزد او آمد و گفت شوهرم مرا کتک مفصلی زده ملا هم چوبی برداشت و او را چوب کاری کرد و گفت برو به شوهرت بگو اگر دختر مرا کتک زدی منهم به تلافی آن زنت را خوب حال آوردم.

افسار الاغ

ملا در سر چاه با دلو آب می کشید و به الاغش می داد. بغتتاً الاغ پوزه خود را به کله ملا زد و عمامه او را به چاه انداخت ملا نیز فوراً افسار الاغ را از سر او در آورد، به چاه انداخت گفتند: چرا چنین کردی گفت: تا آنکه هر که به چاه رفت افسار او را بیرون آورد عمامه مرا نیز بیرون آورد.

نمی دانم

در اثنایی که ملا موعظه می کرد شخصی از او مسئله ای پرسید ملا جواب داد نمی دانم گفت پس چرا منبر رفته ای گفت من آنچه می دانم تا بالای منبر راهنماییم کرده، اگر می خواستم به قدر جهلم بالا روم منبر به آسمان می رسید.

قیمت دنیا

ملا در اثنای سفر شخصی را دید که لباس فاخر پوشیده و چند نفر اطراف او راه میروند و می خندیدند پرسید این شخص چه کاره است گفتند مسخره ایست که به واسطه ضرطه معروف و ثروتمند گردیده. ملا گفت قیمت دنیا و سرمایه که سزاوار تحصیل آن است متاع این شخص است.

منجّم

مردی ادعای دانستن علم نجوم می کرد ملا از او پرسید همسایه شما کیست گفت نمی دانم ملا گفت تو که همسایه خانه ات را نمی شناسی از ستاره های آسمان چگونه خبر می دهی.

انگور

در مجلس مهمانی ملا خوشه ای از انگور برداشت و به دهان گذاشت گفتند عقلاً انگور را دانه دانه می خورند گفت آنکه دانه دانه می خورند بادمجان است.

دلیل بی عرضگی

ملا سخت بی پول شد نزد حاکم رفت و بدون مقدمه گفت: سرکار حاکم خوب که فکر کردم مرد بی کاره مهملی هستید حاکم غضبناک پرسید از کجا به تو ثابت شد گفت اگر یک کلمه بگویی هزار دینار به ملا بدهید من از گرفتاری نجات پیدا می کنم و تو از شدت بیکاره بودن اهمال می کنی حاکم خندید و گفت پولی به ملا بدهید که از شر زبانش برهم.

نامه ملا

ملا به شهر نزدیکی رفت و مدتی توقفش به طول انجامید روزی نامه ای به خانواده اش نوشت ولی هر چه تجسس کرد کسی را برای بردن آن نیافت. پس خودش آنرا برداشت، به شهر و خانه خود رفت و در را زد زن و اولادش بیرون آمدند و از آمدنش شادی کردند. ملا به آنها گفت من نیامده ام که اینجا بمانم بلکه فقط برای رساندن این نامه آمده ام و آنرا داد و برگشت هر چه اصرار کردند اقلاً بمان خستگی بگیر قبول نکرد و به راه افتاد.

کفاره گناه

ملا را زن بد شکلی نصیب گشته بود شبی بی جهت مدتی در چهره او خیره شد زن پرسید سبب این که این همه مرا نگاه می کنی چیست گفت امروز چشمانم به صورت زن خوبرویی افتاد هر چه خواستم از صورتش چشم بردارم میسّر نشد امشب به کفاره آن برای اینکه گناهم بخشیده شود دو برابر آنچه به او نگاه کردم چشمم را به صورت تو می اندازم.

نصیحت ملا

ملا دهاتیها را جمع کرد و به آنها گفت امسال باید پنبه زده بکاریم که حلاجی لازم نداشته باشد. قدری هم پشم بکاریم که در زمستان لباس پشمی از حاصل زمین خودمان بپوشیم.

مُفلس

در موقع قضاوت ملا چند نفر طلبکار مدیونی را نزد او آوردند و گفتند این شخص مدتیست طلب ما را نمی دهد. آن شخص اقرار به دین به آنها کرد و در آخر گفت: ولی هر چه به آنها اصرار کردم که صبر کنند تا خانه و باغ و گاو و گوسفندم را بفروشم و قرض ایشان را بدهم زیر بار نمی روند. طلبکارها گفتند دروغ می گوید و غرضش سر گرداندن است والا چیزی ندارد که بفروشد. ملا گفت شما که به افلاس او اقرار دارید چرا اذیتش می کنید مگر نمی دانید که مفلس در امان خداست و کسی را با او کاری نیست.

غلام

ملا غلامی خرید گفتند عیب او این است که شبها در بسترش می شاشد. ملا گفت اگر بستر یافت مختار است هر چه خواست در آن بکند.

دزد در خمره

هنگام مکتب داری ملا روزی یکی از بچّه ها گفت ملا به نظرم در خمره آب دزدی مخفی شده ملا جلو رفت، نگاه کرد در خمره عکس خود را دید به شاگردها گفت من به خمره میروم و دزد را که بیرون میکنم شما او را با چوب بزنید. چون داخل شده کسیرا نیافت سر بیرون آورد و از اطفال بنا به امر خودش چوب مفصلی نوش جان کرد.

جای شکر

ملا بیمار بود شخصی دلداریش میداد و می گفت خدا را شکر کن ملا گفت: نادان مگر نشنیده ای «ولان شکرتم لازیدنکم» شکر کنم بیماریم افزون خواهد شد.

گفتار ملائکه

از ملا مطلبی پرسیدند گفت: نمی دانم گفتند خجالت نمی کشی پس ملای چه هستی گفت ملائکه خجالت نکشیدند گفتند لا علم لنا من چرا خجالت بکشم.

روزی احمق

ملا بر منبر می گفت خدا به موسی وحی فرستاد که می دانی چرا رزق احمقان را وسیع گردانیدم موسی عرض کرد نمی دانم حق تعالی فرمود تا آنکه صاحبان عقل بدانند که رزق به دانایی و تدبیر به دست نمی آید.

معطلی ملا

ملا روزی خواست به موال داخل شود تنحنح کرد جوابی نشنید پس از معطلی زیاد متغیرانه داخل شد، کسی را ندید گفت عجب تو که اینجا نبودی می خواستی زودتر بگویی که من بیخود معطل نشوم.

خاراندن سر

ملا با شخصی سر به یک بالین گذاشته بودند سر ملا می خارید شروع کرد به خاراندن سر. رفیق او از خواب جست و گفت چرا سر مرا می خارانی گفت خیال کردم سر خودم است اگرچه دیدم خوشم نمی‌آید.

دم خروس

شخصی خروس ملا را دزدیده در خورجین گذاشته بود ملا فهمید. او را تعقیب نمود و گفت خروس مرا بده گفت خروس ندیده ام اتفاقاً دم خروس از خورجین بیرون بود ملا گفت تو راست می گویی اما این دم کار را خراب کرده پس خورجین را گشود و خروس را بیرون آورد.

دستور صحیح

بنّایی بامی را اندود نمود، از اول گرفت تا آخر خواست پایین آید راه نبود ملا می گذشت پرسیدند چه کنیم که به راحتی پایین آید گفت طنابی بالا انداخته به کمرش بسته پایینش بکشید. چون طناب را بستند و او را کشیدند از بالا پرت و تلف شد. به ملا گفتند چه قسم دستوری بود. گفت پدرم در چاه افتاد بود، طناب به کمرش بستم و بالا آوردم این شخص اجلش رسیده بود والا نمی میرد.

قاضی

ملا به دیدن قاضی جدید رفت و در ضمن تعریف از شغل او گفت هنگام ترقی دو غازی می شوی و در تنزل نیم غازی.

شفای فوری

شاعری نزد ملا آمد و گفت: چندیست دل درد گرفته ام مانند آنکه چیزی روی دلم مانده باشد ملا پرسید تازه شعری ساخته ای که برای کسی نخوانده باشی گفت بله گفت بخوان شاعر قصیده مطولی خواند در آخر ملا گفت گمان دارم با خواندن قصیده شفا یافته باشی.

مرده بدهکار

جمعی از شوخ چشمان شهر یکی را در تابوت گذاشته به قبرستان می بردند ملا را هم به زور برای نماز بردند ملا چون تکبیر نماز گفت صدای ضرطه از مرده بلند شد ملا رو به همراهان کرد و گفت میت شما مدیون است دینش را ادا کنید تا از فشار قبر رهایی یابد.

آدم

ملا از شخص بسیار بد ترکیبی پرسید اسم تو چیست گفت آدم ملا گفت خدا پدرش را بیامرزد که این اسم را روی تو گذاشت والا تو که صورتاً شباهتی به آدم نداری مردم از کجا می فهمیدند آدمی.

خر دانا

در موقع تنگدستی ملا موقعی که می خواست خرش را به خانه ببرد با کراهت رو به طویله می رفت و بالعکس در موقع بیرون آمدن با عجله و زرنگی خارج می شد از ملا سبب پرسیدند گفت این خر می‌داند در آخور چیزی نیست.

هلال رمضان

ملا چشمش که به هلال ماه رمضان افتاد گفت باز آمدی که خلق را گرفتار گرسنگی و تشنگی و ضعف سازی بر من لعنت اگر به سفر خود را از تو نرهانم.

موقع خوردن

از ملا پرسیدند برای غذا خوردن چه وقتی مناسبست گفت برای دارا همیشه و برای بی چیز و ندار وقتی که وسایلش فراهم شود.

مرض ملا

ملا بیمار بود شخص پر چانه ای به عیادتش آمد ملا هر چه در وسط حرفش حرف آورد تأثیر نکرد پس شروع کرد به ناله کردن آن شخص پرسید چرا به ناله افتادید ملا گفت از نشستن زیاد و پر گویی سرکار.

شکر بیجا

ملا از بازار می گذشت شخصی از باقلا فروش قدری باقلا خرید، مغز آن را خورد و پوستش را ریخت و بدون شکرانه راه افتاد فقیری در پی او رسید، پوست باقلا را جمع کرد و خورد و پیاپی شکر می کرد. ملا جلو رفت، مشتی بر فرق او کوفت و گفت از بس شکر کردی خدا بد عادت شده ترا به پوست باقلا محتاج کرده، از داراها یاد بگیر و بدون اعتنا از لذایذ دنیا بهره ببر.

بزاز قیامت

واعظی بالای منبر می گفت کسی که در دنیا برهنه باشد در قیامت دارای البسه گرانبها خواهد بود. ملا رو به همسایه فقیرش که غالباً برهنه راه می رفت نمود و گفت غصه نخور اگر در دنیا چیزی نصیبت نشده در قیامت بزازی باز می کنی به شرط اینکه ملاحظه همسایگی مرا بنمایی.

کلاه ملا

عمامه ملا کثیف بود جلو در خانه سر برهنه ایستاده بود و فکر می کرد که اگر خدا عمامه تمیزی برای او می رساند بسیار مناسب بود. اتفاقاً کناسی کلاه کهنه ای از نجاسات بیرون آورده بود در نزدیکی او به هوا انداخت و روی سر ملا پایین آمد. ملا کلاه را برداشت، رو به جانب آسمان کرد و گفت: خدایا این کلاهی را که برای من فرستادی خوب بود سر جبرئیلت می گذاشتی.

وسایل زمستان

به ملا گفتند زمستان امسال خیلی سرد می شود شما چه تهیّه دیده اید گفت لرزیدن و دکیدن.

میزبان تنگ چشم

ملا در خانه یکی از اعیان مهمان بود در بین غذا تار مویی در لقمه اش یافت صاحب خانه گفت: تار مو را از غذا بکش، بعد بخور ملا لقمه را زمین گذاشت و عقب نشست صاحب خانه سبب عقب نشینی را پرسید ملا

گفت غذای کسی که مهمان را طوری نگاه کند که تار مویی را مواظب باشد نباید خورد.

برای عروسی

زن ملا شبی می گفت: پسر ما بزرگ شده آرزوی عروسی او را دارم ملا گفت: این روزها پولی در بساط نیست زن گفت خر را بفروش خرج عروسی کن بعد گفتگوهای دیگر پیش آمد. پسر ملا که تصوّر می کردند در خوابست سر از زیر لحاف برداشت و گفت بابا چرا حرف خر را نمی زنید.

هنگام مرگ

ملا از مرگ زیاد می ترسید و هر موقع صحبت آن پیش می آمد صحبت را تغییر می داد تا موقعی که به شدّت مریض شد و یقین کرد که دیگر بر نمی خیزد. پس خود را حاضر کرد، آداب دینی را به جا آورد و شروع کرد به شوخی و مزاح کردن. هر یک از حاضرین را به نوعی مسرور و خندان نمود در بین این حال یکی از او پرسید ملا شما که اینهمه از صحبت مرگ فرار می کردید در این موقع چطور ابداً تأثیری در شما ندارد گفت هر وقت فکر می کردم خواهم مرد ترس بر من مستولی می شد اما حالا که مطمئنم مرگم نزدیک است دیگر ترس معنا ندارد بایستی این چند دقیقه آخر عمر را به خوشی بگذرانم.

گفت و شنود

ملا در وعظ می گفت: سبب اینکه دو گوش و یک زبان به آدمی داده اند این است که باید در مقابل دو سخن که می شنود یک سخن بگوید.

خودش را نبرند

ملا سوار الاغ شد، ریسمان بزش را که زنگی هم بر گردن داشت به عقب خر بسته بود و در بازار عبور می کرد سه عیّار به او برخوردند یکی گفت من بزش را خواهم برد دیگری گفت من خر او را تصاحب می کنم سوّمی گفت لباسهایش مال من است عیّار اوّلی ریسمان بز را گشوده زنگ را بر دم خر بست و بز را برد دوّمی پیش آمده گفت مردم زنگ را به سر خر می بندند تو به دمش بسته ای ملا نگاه کرد دید بز را برده اند فریاد کرد کی بز مرا برده عیار گفت مردی بزی جلو انداخته بود و از این کوچه رفت ملا از او خواهش کرد الاغ را نگاه دارد و خود عقب بز رفت عیار الاغ را برد. چون ملا برنده بز را نیافت به سراغ خر رفت از آنهم اثری ندید در نزدیکی آن محل شخصی را دید سر چاهی نشسته گریه می کند ملا سبب پرسید گفت صندوقچه طلایی از مال زن حاکم دست من بوده برایش می بردم شخصی به من تنه زد و صندوقچه به چاه افتاد صد دینار به کسی می دهم که آن را بیرون آورد. ملا حساب کرد بیش از پول بز و خر به دست می آید پس لباسش را کند و به چاه رفت و هر چه گشت چیزی نیافت و آنچه فریاد زد کسی جواب نداد ناچار با زحمتی بیرون آمد. از لباسش اثری ندید. پس چوبی برداشت دور خود می چرخانید و در کوچه راه می رفت پرسیدند چرا چنین می کنی گفت برای آنکه خودم را نبرند چنانکه خر و بز و لباسم را بردند.

دفع سگ

به ملا گفتند اگر با سگ درنده ای مصادف شدی آیه سگ اصحاب کهف را بخوان سگ فرار می کند گفت چون همه سگها قرآن نمی فهمند برای دفع آنها یک چوب کلفت بکار می برم.

سخن گاو

ملا با جمعی در صحرا عبور می کرد گاوی صدا کرد گفتند ملا گاو صدایت می کند برو ببین چه می گوید ملا نزدیک گاو رفت، برگشت و گفت می گوید سبب اینکه با خرها به گردش آمدی چیست.

درهای بهشت

ملا بالای منبر می گفت به هر کس خدا یک دختر دهد یک در بهشت را برویش می گشاید و اگر دو دختر دهد دو در. شخصی برخاست و گفت بهشت چند در دارد گفت هشت در گفت پس من دوازده دختر دارم چهار در دیگر از کجا گشوده می شود گفت از جهنم.

پس از مرگ

روز هفته ملا مصادف با روز عید بود جمعی برای فاتحه خوانی به مرقدش رفتند سایر اهالی شهر در مسجد برای نماز عید گرد آمده بودند که یکی از دوستان ملا با عجله وارد شد، بر منبر رفت و گفت مردم من دیشب ملا را خواب دیدم که با سیمای خندانی به من گفت فردا به مسجد برو و بگو همه باید نماز عید را نزدیک مرقد من بجا آوردند و فاتحه ای هم برای من بخوانند هر کس حاضر نشد، در مسجد بماند صدمه جانی

برایش خواهد داشت. اهالی از شنیدن این واقعه همگی برخاستند و به سر تربت ملا رفتند و در آنجا نماز کردند و فاتحه ای به روحش خواندند و همه متعجّب بودند که ملا پس از مرگ هم دست از شوخی برنداشته به عوض مسجد مردم را مجبور کرد که به سر قبر او بروند و نماز بخوانند لکن هنوز متفرق نشده بودند که شخصی خبر آورد که بی جهت طاق مسجد خراب شده است و چند نفری که آنجا بوده‌اند زیر آوار رفته اند مردم شکر کردند و به روح ملا فاتحه خواندند که پس از مرگ هم آنها را راهنمایی می نماید.

-- پایان -

فهرست داستانها

آ

آب آب آبگوشت، ۴۴
آبروی ملا، ۱۲۸
آبگوشت مرغابی، ۲۲
آتش در زمستان، ۲۱۷
آدم، ۲۵۷
آدم بی سر، ۱۰۴
آدم شدن، ۱۳۹
آدم متدین، ۱۴۸
آدم منصف، ۸۶
آدم یا گاو، ۵۳
آرزوی فراموشی، ۲۴۴
آشنای ملا، ۲۱۳
آفتاب، ۱۴۰
آن دنیا چه خبر است، ۱۹
آن طرف درخت، ۲۶
آواز از دور، ۱۸۳
آواز ملا، ۱۳، ۲۲۸
آوازه خوانی، ۱۹۶

ا

اتاق زمستانی، ۱۵۵
اجرت حمالی، ۶۳
اجرت سر کچل، ۳۹

احتیاج به آمدن نیست، ۶۴
احسنت، ۱۸۵
احمق به نظر ملا، ۱۵۴
احمق تر از او، ۲۴۱
اختیار با اوست، ۱۵۹
ادای تکلیف واجب است، ۸۹
اذان، ۲۳۸
ارث نادانی، ۲۴۴
ارّه بی دندان، ۱۹۶
از ترس، ۱۳۰
از من بپرس، ۳۷
از وظایف زن، ۸۴
از همه جا رانده، ۱۳۵
استاد آدم، ۱۴۲
استجابت دعای ملا، ۲۲۰
استحمام گرم و سرد، ۷۱
استراحت ملا، ۲۱۵
اشتباه در عسل، ۹۰
اشتباه در موعظه، ۲۰۰
اشتباه کله پز، ۲۱۸
اشتباه مختصر، ۱۳۲
اشتهای زیاد، ۱۶۶
اشتهای ملا، ۱۸۰
اصلاح اغلاط، ۸۷

اصلاح خطا، ۲۲۶
افاده بیجا، ۵۳
افسار الاغ، ۲۵۱
افسوس از جوانی، ۴۳
اگر عقل داری، ۱۸۲
اگر عقلش برسد، ۱۷۶
الاغ فروشی، ۶۲
الاغ گم شده، ۶۵
امتحان ملا، ۱۷۲
انبار ملا، ۷۵
انبر سه هزار دیناری، ۶۵
انتظار، ۱۴۹
انجام وظیفه، ۶۹
اندازه دنیا، ۶۷
انشاءالله، ۵۷
انشاءالله می میرد، ۲۴۳
انصاف، ۲۴۱
انفیه تند، ۱۳۸
انگشتر بی نگین، ۲۰۵
انگور، ۲۵۲
اولاد مرد صد ساله، ۵۱
اولیاء را کِبری نیست، ۱۰۷، ۱۴۶
اهل محل ملا، ۲۱۸
این به جای آن، ۳۲
این منم یا او، ۶۳

ب

با عیال من نیکویی کنید، ۱۶۹
با هزار زحمت، ۱۴۱
باد سخت، ۱۴
باز کردن دهان، ۸۲
باز هم انشاءالله، ۱۶۰
باز هم دعا، ۲۳۸
باید به کتاب مراجعه کنم، ۱۱۵
بتوچه، ۴۰
بچگی عمّامه، ۷۶
بچّهٔ ملا، ۵۹
بخار غذا، ۱۳۴
بخشش فوق العاده، ۲۰۶
بخشش ملا، ۲۰۶
برادر زاده ملا، ۲۴۲
برادر و خواهر آدم، ۱۵۷
برای آن که سنگین نشود، ۵۶
برای تجربه، ۲۱۴
برای رضای همه، ۲۳۶
برای رفع شک، ۱۴۸
برای عروسی، ۲۶۰
برج گوسفند، ۴۰
برکت قدم، ۱۵۲
برنده شرط، ۱۲۴
برهان قاطع، ۱۳
بز مقتول، ۱۰۵
بزاز قیامت، ۲۵۹
بزرگان دنیا، ۲۴۳
بزرگی سر، ۲۴۸
بستن راه دزد، ۷۵
بلبل بد آواز، ۴۹
بلدرچین زنده شده، ۱۱۳
بوی آرزو، ۱۰۲
بوی شعر، ۲۳۹
بوی مسهل، ۱۸۴
به جهت نداشتن وقت، ۵۲
به زودی می شکند، ۱۸۳
به سلیقه مردم، ۱۱۶
به قاضی می رسد، ۴۳
به کسی که نسیه نباید داد، ۹۹
به من چه، ۱۹۱
بهانه شکم پرست، ۱۶۶
بهترین نعمت خدا، ۱۶۵
بهترین نقطه جهنم، ۱۵۱
بی اشتهایی، ۱۶۷
بی چیز، ۲۴۹
بی خبر نمانم، ۲۴۴
بی عرضگی، ۵۴
بی عقلی، ۲۳۲
بیکسی، ۱۲۲
بیماری پدرش، ۲۴۴

پ

پالان به جای جبّه، ۴۶
پای بی وضو، ۴۲
پدر پسر ملا، ۱۷
پدرش شده بود، ۱۶۸
پرسیدنش صحیح نیست، ۶۹
پس از مرگ، ۲۶۲
پس دادن وضو، ۳۹
پسر حرف شنو، ۱۷۶
پسر ملا، ۷۴، ۱۹۳
پنبه لحاف، ۱۲۶
پنج انگشتی، ۱۲۲
پوستین ملا، ۷۲
پول دوستی، ۷۵
پیش انداخت کار، ۲۳۱

ت

تاثّر ملا، ۷۳
تأثیر حرف، ۲۴۵
تأثیر حشیش، ۲۰۳
تأثیر دعا، ۹۴، ۱۴۰
تار زدن ملا، ۷۶
تأسّف ملا، ۲۰۷
تجارت ماه، ۱۶
تجارت ملا، ۱۴
تجربه نشده بود، ۱۱۹
تدبیر ملا، ۱۵۵، ۲۲۶

ترشی تو می فروشی یا من، ۹۳
تسبیح یا سجود، ۱۴۶
تسلط زن، ۱۰۰
تشبیه مناسب، ۱۶
تشویش فکر، ۸۴
تعارف راستی، ۲۱۵
تعارف ملا، ۲۱۵
تعبیر خواب، ۱۷۴
تعریف به موقع، ۳۷
تعزیت، ۲۴۵
تعلیم الاغ، ۹۵
تغییر شکل، ۷۵
تفاوت سن، ۱۳۳
تقدیر مطابق آرزو، ۴۸
تقسیم طبیعی، ۵۸
تگرگ، ۲۴۰
تلافی کتک، ۲۵۱
تنبلی عجیب، ۱۹۸
تو از داخل من از خارج، ۶۱

ث

ثبوت حماقت، ۲۴۶

ج

جای پلو خالی، ۴۷
جای حق، ۱۳۵
جای شکر، ۲۵۵
جای مرده، ۱۸۸
جای ملائکه، ۱۳۶
جبّه سوراخ شده، ۳۶
جبّه قاضی، ۱۱۴
جزای پیشکی، ۱۱۲
جسارت ملا، ۲۳۲
جواب الاغ، ۲۵
جواب دندان شکن، ۳۰، ۹۶
جواب کافی، ۱۱۰

چ

چابک سوار، ۷۷
چاپار، ۱۰۸
چرا نمی خوری، ۷۸
چربتر، ۲۱۴
چوب تر، ۲۴۰
چوگان بازی، ۴۶
چه زایل شده؟، ۵۱
چهار نفر در خوابگاه، ۹۳

ح

حاضر جوابی، ۱۹۴
حاضر جوابی ملا، ۲۳۰
حافظه ملا، ۱۶۳
حرف زدن ماهی، ۲۱۹

حرف مرد، ۶۷
حریق، ۴۰، ۲۱۹
حساب دان، ۱۵۴
حساب سازی، ۱۲۹
حساب صحیح، ۹۳
حضرت لوط، ۲۴۵
حقیقت گویی، ۲۴۶
حکمت خدا، ۱۴۵
حلوا، ۱۱، ۹۱
حماقت ملا، ۱۵۶
حوریه بی تناسب، ۲۳۱

خ

خاراندن سر، ۲۵۶
خاطره ملا، ۱۹۶
خام طمعی، ۱۳
خانه تازه ساز، ۱۲۳
خانه دو در، ۴۵
خانه ملا، ۲۲۵
خبر مرگ ملا، ۵۶
خبردار، ۲۰۱
خدایی ملا، ۲۱۱
خر دانا، ۲۵۷
خر سواری را حساب نکرده، ۱۴۳
خر شدن ملا، ۱۵۸
خرمای با هسته، ۸۸
خروس شدن ملا، ۱۲
خروش ناشی، ۲۱

خط ملا، ۶۰	درد ریش، ۱۸۹	دوای مؤثّر، ۱۹۳
خفه کردن کلاه، ۱۱۴	درس خواندن ملا، ۱۳۷	دوباره خر شد، ۵۵
خلاصه بهداشت، ۱۳۹	درس عبرت، ۵۹	دوری، ۲۳۹
خواب راحت، ۲۰۱	دروغگو، ۱۶۵	دوستی نسیه، ۱۸۸
خواب ملا، ۱۹۶	درهای بهشت، ۲۶۲	دهان دره، ۱۷۶
خوابم پریده، ۷۰	دزد در خمره، ۲۵۴	دیدن شیطان، ۲۱۹
خواندن ضمیر، ۲۳۹	دزد کم روزی، ۴۹	دیدن ماه، ۲۴
خودش را نبرند، ۲۶۱	دست خالی، ۷۱	دیزی ملا، ۲۱۰
خودش می داند، ۱۶۹	دستور صحیح، ۲۵۶	دیگ را نخورد، ۳۴
خورا ک همه چیز، ۱۶۹	دستور فوری، ۱۹۰	دیوانگان، ۲۳۰
خوراک الاغ، ۱۷۸	دعای باد، ۲۲۴	دیوانگی چشمه، ۱۷
خوراک به شرکت، ۱۲۰	دعای جوان، ۱۱۲	
خوراک کبوتر، ۱۸۵	دعای مؤثّر، ۱۸۹	**ر**
خوراک هیچ، ۷۰	دعای ملا، ۱۷۰	
خوراکی گریز پا، ۲۴۳	دعای وارونه، ۲۳۸	راه آسمان، ۸۸
خورجین گم شده، ۵۸	دعوای پشت بام، ۶۴	راه پر پیچ و خم، ۷۲
خیال بد، ۱۶۸	دعوت ملا، ۲۰۹	رأی ملا، ۱۷۴
	دفتر قابل هضم، ۱۲۹	رحمت خدا، ۱۰۳
د	دفع سگ، ۲۶۲	رسم این شهر، ۱۲۶
	دفینه بد بو، ۲۴۶	رسم هر شهر، ۱۱۶
دختر عموی ملا، ۱۹۹	دل کی می سوزد، ۹۹	رسیدن به مقصود، ۴۱
دختر ملا، ۲۸	دلو چاه، ۱۲۲	رفقای شکمو، ۱۷۱
در آسمان چهارم چه میخورد؟، ۹۵	دلیل اهمیت، ۱۳۹	رقابت زنها، ۲۲۸
در روشنایی، ۵۰	دلیل بی عرضگی، ۲۵۲	روزهای این شهر، ۷۵
در سایه ابر، ۶۷	دلیل منطقی، ۷۳	روزی احمق، ۲۵۵
در گرمابه، ۱۷۲	دم خر، ۳۴	ریسمان پاره، ۲۳۸
در مسجد، ۱۸۰	دم خروس، ۲۵۶	ریشخند، ۱۶۰
درد دندان، ۲۰۲	دم شغال، ۱۹۸	
	دندان ملا، ۱۸۴	
	دو زن ملا، ۷۷	

ز

زاییدن دیگ، ۲۰
زبان مردم، ۸۱
زبان ندانی، ۱۸
زرنگی دهاتی، ۲۳۰
زرنگی ملا، ۱۹۳، ۲۱۲
زلزله، ۱۵۴
زن بیوه، ۲۴۹
زن زشت، ۱۰۸
زن لوچ، ۱۰۲
زندگانی بی جهت، ۲۰۲
زندگی بعد از مرگ، ۱۶۵
زود لاغر می شود، ۲۱۲
زهر خوردن، ۱۷۹

س

ساعت چند است، ۱۴۴
ساکت کردن کشتی، ۸۸
سایه خودش، ۲۱۹
سبب افسردگی، ۱۷۷
سبب شوری، ۲۱۶
سبب گریه، ۴۵
سبب گریه ملا، ۱۹۷
سخاوت ملا، ۲۰۴
سخن گاو، ۲۶۲
سر از خاک بیرون می کنند، ۱۷۹
سر گاو در خمره، ۲۱۷
سرد تر، ۱۸۹
سرکه هفت ساله، ۶۵
سفارش زن، ۱۹۷
سن زن ملا، ۲۰۴
سنگ مهر شده، ۱۰۵
سنگینی ملا، ۱۴۲
سواری وارونه، ۳۱
سه احمق، ۲۳۵
سه کیلو یک من است، ۸۲
سهم ملا، ۱۴۴
سیّد قرشی، ۲۴۵

ش

شاعری ملا، ۲۳۷
شاهد، ۲۴۸
شاهین ملا، ۱۱۷
شب زنده داری، ۲۳۷
شباهت، ۲۲، ۲۴۸
شتر چطور آمده، ۴۷
شتر نیست، ۱۰۴
شجاعت، ۲۳۷
شرط طلاق، ۲۲۹
شرکت در غذا، ۱۶۴
شعر شناسی، ۲۳۹
شفای فوری، ۲۵۷
شفای مریض، ۱۶۳
شکر بیجا، ۲۵۸
شوق ملاقات، ۴۵
شهادت دروغ، ۷۴
شهر پر نعمت، ۲۵
شیرینی خوران، ۱۵۰

ص

صدای الاغ، ۲۵۰
صدای پول، ۸۳
صدای کمانچه، ۱۲۳
صدق مرید، ۱۸۸
صرفه جویی، ۱۰۴
صرفه جویی ملا، ۷۲، ۲۰۷

ط

طبابت، ۱۸۷
طبیب منصف، ۲۵۰
طرف دست راست، ۴۲
طریق تدریس، ۲۳۱
طفل تازه رسیده، ۲۱۴
طفل عجول، ۵۴
طلب رحمت، ۱۶۶
طلبکار ملا، ۱۷۷
طمع او، ۲۴۷
طمع ملا، ۱۹۹
طواف، ۲۳۵

طهارت قبلی، ۶۸

ع

عارف حقیقی، ۵۸
عدد ستاره‌ها، ۱۵۷
عدم معاشرت، ۵۱
عذر صحیح، ۲۱۰
عذر کافی، ۲۵
عربی دانستن ملا، ۱۹۵
عرعر خر، ۲۶
عرق سیاه پوست، ۴۰
عروسی ملا، ۲۲۳
عزرائیل اشتباه می‌کند، ۱۵۳
عقل دهقان، ۱۹۰
عقل ملا، ۱۹۷
علاج مؤثر، ۴۴
علت خوشحالی، ۱۳۱
عوض شده، ۱۶۱
عیب به مال مسلمان، ۱۰۱
عیب خانه، ۱۵۳
عیب عمّامه، ۱۷۶
عینک ملا، ۹۲

غ

غاز همسایه، ۱۴۱
غاز یک پا، ۲۸
غذای بی پُشت، ۱۶۸
غذای بی زحمت، ۱۷۲
غذای لذیذ، ۶۲
غرفه بهشتی، ۱۹۴
غضب ملا، ۱۷۵
غلام، ۲۵۴
غیبگو، ۴۲، ۱۵۳

ف

فایده ماه، ۶۷
فتوای حاکم، ۲۰۹
فرار از مرگ، ۱۶۸
فرق چیست، ۵۹
فضایل پشت گردنی، ۱۸۶
فکر بکر، ۱۳، ۲۵۰
فکری بکن، ۱۱۳
فلسفه خوبی و بدی، ۱۶۴
فلسفه ملا، ۱۸۰

ق

قاضی، ۲۵۶
قاضی شده، ۱۷۵
قاعده حل مسایل، ۲۲
قافیه شعر، ۲۴۹
قبر پدر، ۲۴
قبل از عاقل شدن، ۱۷۹
قبول به استادی، ۱۵۸
قرب داشته باشد، ۶۰
قربانی لازم است، ۵۴
قرض ملا، ۱۸۵
قصاص، ۲۱۷
قضاوت ملا، ۱۷۴، ۱۹۱، ۲۲۱
قوّت جوانی در پیری، ۱۵۷
قوزی حاضر جواب، ۲۰۲
قهر بی موقع، ۱۹۵
قهر مرده، ۴۲
قی، ۱۸۳
قیامت کوچک و بزرگ، ۶۳
قیمت حلوا، ۱۸۹
قیمت دنیا، ۲۵۲
قیمت لنگ، ۶۱
قیمت مردن، ۲۲۲

ک

کار عمامه، ۱۲۷
کار قضا، ۱۴۷
کار ملا، ۱۸۴
کتاب از کفاش، ۱۳۷
کتاب مسأله، ۹۱
کتان کاری، ۵۰
کرامت، ۲۰۲

کسب ملا، ۲۳۳	گیوه ملا، ۱۸۳	مرده زنده کردن، ۱۸۷
کشته شاخ دار، ۱۶۱		مرض بی علاج، ۲۴۹
کشیدن دندان، ۵۵	**ل**	مرض خستگی، ۲۰۴
کفاره گناه، ۲۵۳		مرض عجیب، ۱۷۲
کفش نو، ۱۴۸	لئامت، ۱۷۱	مرض ملا، ۲۵۸
کلاغ و صابون، ۳۹	لاک پشت، ۱۰۰	مرغ حسابی، ۲۳
کلاه شرعی، ۲۲۹	لباس کهنه و نو، ۲۳	مرغ متفکر، ۱۰۶
کلاه ملا، ۲۵۹	لحاف ملانصرالدّین، ۲۹	مرغان عزادار، ۷۹
کله گوسفند، ۱۹۳	لطیفه، ۱۸، ۶۴، ۷۳، ۸۷، ۱۷۱، ۱۸۱، ۱۸۲، ۱۸۸	مرغهای استخر، ۲۷
کی مداوا می شود؟، ۱۴۹		مصرف نُشادر، ۲۷
		معامله سر راست، ۱۴۷
گ	**م**	معامله غریب، ۱۳۵
		معامله ملا، ۲۱۳
گاو ملا، ۲۰۶	مؤذّن، ۱۳۶	معجون طلاق، ۱۸۰
گاو و خر عهد دقیانوس، ۲۱	مادر زن ملا، ۸۸	معطلی ملا، ۲۵۵
گردش اموات، ۳۷	مادر مطلقه، ۶۸	معماری ملا، ۵۱
گردن بند، ۷۸	مادر ملا، ۲۱۶	مغز ملا، ۱۱۵
گرگ یوسف، ۲۴۷	مال غیر، ۱۷۰	مُفلس، ۲۵۴
گریه کنید، ۳۵	مال فقیر، ۸۷	مقابله به مثل، ۱۹۸
گریه و خنده، ۱۹۱	ماه ۴۵ روزه، ۱۵	مقابله قرآن، ۱۶۵
گزیدن سگ، ۱۸۵	ماهیهای کهنه، ۱۵	مقدّمه ناشر، ۵
گفت و شنود، ۲۶۱	ماهی در انگشت، ۱۱۲	مقصّر کیست، ۱۴۰
گفتار ملائکه، ۲۵۵	ماهی در صحرا، ۲۳۰	مکتوب ننوشتید، ۱۷۳
گمشدن خر، ۲۳۱	ماهی یونس، ۷۸	مکر زن، ۱۰۱
گوساله ملا، ۲۲۵	محبّت ملا، ۲۰۹	ملا در آینه، ۲۲۷
گوش دادن به حرف، ۱۹۲	مرحمت ملا، ۲۲۲	ملا در زیرزمین، ۳۹
گول خور، ۱۳۶	مرد راستگو، ۱۲۰	ملا در قبرستان، ۲۱۶
	مردن ملا، ۳۶	ملا را کاشتند، ۵۳
	مرده بدهکار، ۲۵۷	ملا و خرس، ۲۰۸
		ملا و غربال، ۱۸۶

ملا و گدا، ۴۶
مناره، ۸۶
منجّم، ۲۵۲
منفعت ملا، ۱۷۹
موش، ۱۸۵
موعظه ملا، ۱۱
موقع خوردن، ۲۵۸
مهلت، ۲۰۱
مهمان خدا، ۱۳۲
مهمان ناخوانده، ۱۹۴
مهمانی رفتن ملا، ۱۰۹
میخ در دیوار، ۲۰۵
میزبان تنگ چشم، ۲۵۹

ن

نامه ملا، ۲۵۳
نتیجه زشتی، ۲۰۷
نجات دهنده کیست؟، ۱۳۳
نجات ماه، ۴۸
نذر ملا، ۲۱۴
نردبان فروشی، ۱۶
نزدیکی قیامت، ۱۷
نصایح ملا، ۱۲۹
نصرانی ملحد، ۱۶۹
نصف علاقبندی، ۱۵۴
نصیحت برای لذّت، ۱۶۴
نصیحت ملا، ۱۱۶، ۲۵۳
نعمت غیر مترقبه، ۱۷۱
نعوذ بالله، ۵۰
نقل مکان، ۲۱
نگاهداری در، ۱۶۲
نماز میّت، ۱۵۹
نمونه تیراندازی، ۲۲۷
نمی دانم، ۱۲۵، ۲۵۱
نوکر بادمجان، ۱۸۱
نهی از منکر، ۲۲۳
نی لبک، ۶۶
نیافتم، ۱۸۴

و

وزن گربه، ۱۰۸
وسایل زمستان، ۲۵۹
وصف الاغ، ۲۲۲
وصول طلب، ۸۵، ۱۲۱
وصیّت ملا، ۱۸، ۶۸
وضوی پی در پی، ۹۱
وعظ ملا، ۱۸۷
وقوف بر احوال، ۶۹
ول کنند تا ول کنم، ۱۶۳

ﻫ

هدیه ملا، ۲۹
هر که اول حرف زد، ۷۹
هزار اشرفی، ۳۲
هضم شده، ۱۸۴
هلال رمضان، ۲۵۸
هم اسمی، ۱۲۷
همسایه فضول، ۲۱۰
همه حق دارید، ۸۴
همه لازم است، ۱۷۷
هنگام مرگ، ۲۶۰
هوای بهار، ۷۴
هوای گرم، ۶۸
هوش پسر، ۲۲۹
هوش زن ملا، ۱۹۰
هیچ هیچ، ۹۲

ی

یک پول منفعت، ۱۵
یونس پیغمبر، ۱۸۱

600
Mulla Nasreddin Tales

collected by
Mohammad Ramazani

Ibex Publishers,
Bethesda, Maryland